권효재의
K-조선 대전환

권효재의
K-조선
대 전 환

조선업의 태동부터 마스가 프로젝트까지

권효재 지음

동아시아

왜 지금 K-조선인가

2025년 하반기부터 한국과 미국 사이에 1,500억 달러 규모의 조선업 협력 프로젝트가 논의되고 있습니다. 'MASGA Make American Shipbuilding Great Again'라는 이름으로 알려진 이 프로젝트는 단순한 산업 협력을 넘어, 향후 수십 년간 동북아시아와 서태평양의 패권 구도를 결정짓는 역사적 분기점이 될 것입니다.

이 책은 세 가지 질문에 답하기 위해 썼습니다.

첫째, 한국 조선업은 어떻게 세계 1위가 되었는가?

둘째, MASGA는 한국에게 기회인가, 위기인가?

셋째, 미중 패권 경쟁 속에서 한국은 어떤 선택을 해야 하는가?

저는 16년간 조선 분야에서 일했습니다. 한국의 대형 조선소에서 경력을 시작해 처음에는 군함 설계를 맡았고, 이후 한국 조선소가 인수한 유럽 조선소에 파견되어 생산성이 오르지 않는 원인을 인터뷰와 현장 점검을 통해 분석하기도 했습니다. 조선 호황기에는 한국의 중소기업에 투신해 중국에서 100% 한국이 소유권을 가진 조선소를 설립하고 선박을 건조하는 일도 했습니다. 한국의 공정 기술과 중국의 저임금을 결합해 그때 이미 중국으로 넘어가고 있던 중소형 벌크선 시장을 석권하는 것을 목표로, 대략 2007년부터 2012년까지 그렇게 중국에서 죽어라 일했습니다. 5년 동안 말로 다 표현할 수 없는 별별 일을 다 겪었는데, 이 사업이 소설 『누운 배』의 모티브가 되기도 했습니다. 2012년 이후로는 LNG 분야에 뛰어들어 미국에서 LNG 사업개발 일도 했습니다. 어쩌다 보니 한국, 중국, 미국을 모두 경험하게 되었습니다.

현재 제가 대표로 있는 COR 지식그룹(영어로는 COR Energy Insight라고도 합니다)은 COR이라는 약어로 대표되는 세 가지 영역을 다룹니다. C는 천연가스$_{CH4}$, O는 조선해양$_{Ocean}$, R은 재생에너지$_{Renewable}$를 의미합니다. 저는 최근 몇 년간 이 세 영역에서 다양한 프로젝트를 수행하였습니다. 정부 기관과 함께 조선해양 산업의 중장기 전략을 수립하는 작업을 하기도 했고, 해외 펀드를 위한 재생에너지 관련 컨설팅도 진행했습니다. 또한 조선업과 에너지 산업의 미래에 대한 책을 집필하기도 하며, 유튜브 방송에도 출연하여 에너지와 조선해양 산업에 대한 지식과 경험을 대중과 공유하고자 노력하고 있습니다.

최근에는 MASGA 관련 자문과 연구를 수행하며 이 문제를 깊이 있게 들여다볼 기회가 있었습니다. 한국 조선업의 미국 진출 가능성과 전략을 분석하고, 미국 관계자들과도 만나 현지 상황을 파악하기도 했습니다. 이 과정에서 얻은 통찰이 이 책의 3장과 4장의 기반이 되었습니다.

지금은 현장을 떠났지만, 저는 조선소 현장에서의 기억이 많습니다. 군함 엔지니어로서 일하던 시절, 월요일 새벽 2시에 출근해 테스트를 하던 그날을 지금도 잊지 못합니다. 제가 맡은 테스트만 끝나지 않아 인도가 차일피일 밀리던, 피를 말리는 상황이었습니다. 육체적, 정신적으로 너무 힘들어서 정말로 죽고 싶다는 생각도 하던 시기였습니다. 하지만, 월요일 새벽 1시에 이미 현장에서 저를 기다리고 있던 작업자들을 보며 "이 사람들은 배에 진심이다"라고 느꼈습니다. 그날 마침내 테스트에 성공하고 며칠 후 조선소를 떠나는 배를 배웅하면서 눈물을 줄줄 흘렸습니다.

그 강렬한 기억이 지금도 저를 움직이고 있습니다. 한국 조선업이 세계 1위가 된 것은 단순히 기술이나 자본 때문이 아니라, 바로 그런 사람들의 헌신 때문이었습니다. 이제 그 헌신이 어떻게 다음 세대로 이어질 수 있을지, 그리고 MASGA라는 새로운 도전 앞에서 우리가 어떤 선택을 해야 할지를 고민하며 이 책을 썼습니다.

조선소 현장에서 일했던 사람으로서, 그리고 지금은 산업 전략을 고민하는 사람으로서, 저는 한국 조선업의 과거와 현재, 미래를 아우르는 이야기를 전하고자 했습니다. 이 책이 조선업을 이해하고, 나아가 한국이 미중 패권 경쟁이라는 거대한 지정학적 변화 속에서 어떤 위치를 차지해야 할지 고민하는 데 작은 도움이 되기를 바랍니다.

2026년을 맞이하며
권효재

차 례

들어가며: 왜 지금 K-조선인가 ···**004**

I. 한국 조선업, 불가능을 현실로 만든 50년 ···**010**

메뉴팩처링이 아닌 빌딩: 블록 공법과 생산설계

세계 최대 규모의 조선 인프라

빨리, 더 빨리! 차별화를 만드는 공정 선행화의 비결

K-조선을 지탱하는 사람의 힘: 숙련 기능공과 조직 문화

사람, 설비, 공법이 만들어 낸 다품종 대량생산 체계

K-조선의 과거를 통해 미래를 묻다

II. 네 번의 혁신,
LNG선 시장을 장악한 한국 조선업의 비밀 ···**060**

LNG선, K-조선의 활로를 연 혁신의 시작

일본이 구축한 생태계에 도전장을 내밀다

천재일우의 기회, 원가 파괴로 움켜쥐다

혁신, 또 혁신으로! 경쟁에서 태어난 DFDE와 초대형선

셰일가스 혁명과 LNG 시장 급변

K-조선의 성공 비결과 미래, 다시 혁신으로

III. MASGA, 기회인가 위기인가 ···132

미국 해군의 고질적인 문제
역전된 전력 균형과 A2/AD 전략
중국의 도발과 자신감
미국의 네 가지 제안
한국이 고려해야 할 것들
중국의 대응과 한국이 직면한 딜레마
MASGA, 기회인가 위기인가

IV. 기회와 위기 사이, 한국의 선택은? ···210

MASGA를 둘러싼 정세
미국의 요구: 투자, 기술, 사람
대박인가 쪽박인가
한국 조선업의 높은 생산성, 미국에서 재현 가능한가
MASGA 성공의 관건: 인력 이동과 공급망 구축
미국 조선 생태계 부활과 한국의 이해관계
조선 3사의 서로 다른 접근 전략
MASGA의 지속성과 실행 전략
MASGA 성공을 위한 세 가지 과제: 본진 강화가 먼저다
원자력 추진 잠수함의 부상: 결국은 안보다
실제로 원자력 추진 잠수함을 만들려면
MASGA와 한국의 선택

나가며: 우리는 준비되어 있는가 ···284

I.

한국 조선업,
불가능을 현실로 만든 50년

2025년에 코스피(KOSPI) 역대 최고치를 돌파한 한국 주식시장의 호황을 이끌어 가는 큰 축 중 하나가 조선업입니다. 특히 그 중심에는 한화오션이 있습니다. 그런데 한화오션이 현대중공업이나 삼성중공업보다 실적이 월등히 뛰어난 것은 아닌데 주가 흐름의 차이가 나는 것은 한화오션이 인수한 미국의 필리조선소에 대한 기대감이 한 부분을 차지하는 것이라고 추측할 수 있습니다.

필리조선소는 중형 조선소로, 한국의 대한조선과 규모와 주력 제품이 비슷합니다. 그런데 필리조선소는 연간 1~2척의 선박을 건조할 수 있고, 대한조선은 연간 10척의 선박을 건조할 수 있습니다. 이런 차이는 어디에서 발생하고, 필리조선소는 앞으로 어떻게 해야 연간 10척의 선박을 건조할 수 있을까요? 한국 조선업의 높은 생산성의 비결은 무엇일까요?

제2차 세계대전 직후 조선업 분야의 세계 최강국은 미국이었고 선박 생산 비중도 압도적이었습니다. 전 세계 배의 절반 이상을 미국에서 생산했습니다. 그러나 종전 이후 미국 조선업은 점차 쇠퇴하여, 1980년대 이후 군함을 제외한 선박 생산을 사실상 중단했습니다. 반면 한국은 1970년대 현대식 대형 조선소 건설을 시작했고 1980년대에 급성장해 1990년대에는 일본과 세계 1위를 다퉜습니다. 2000년대 중반에는 인도한 배의 숫자, 기술 수준 등을 아우르는 종합 지표에서 한국이 1위를 달성했고 2015년부터 2016년까지 유지했습니다. 이후 양적 지표에서는 중국이 1위가 되었지만, 중국은 설비 규모가 한국의 약 3배라서 단위 설비당 생산성은 한국이 여전히 1위입니다. 한국은 기술 수준이 높은 선박을 주로 생산하며, 난이도와 설비 활용도를 종합하면 한국이 여전히 압도적 1위라고 볼 수 있습니다.

메뉴팩처링이 아닌 빌딩: 블록 공법과 생산설계

같은 장소에서 같은 시간을 쓰더라도 우리는 배를 더 빠르고 잘 만듭니다. 왜 그럴까요? 배를 만드는 일은 전통적으로 '십 빌딩ship building'이라고 불렀습니다. 그런데 생각해 보면 보통 제조, 물건을 만드는 일에 대응하는 영단어는 '메뉴팩처링manufacturing' 입니다. 이 차이는 배는 건물을 쌓듯 하나하나 다른 대형 구조물을 올리는 개념에서 출발했기 때문입니다. 제2차 세계대전 당시 미국이 독일 U보트 위협에 대응해 조선소 밖에서 부분품을 만들고 현장에서는 레고 블록처럼 올려서 붙이는 방식을 도입했습니다. 철판을 이어 붙이는 방식도 리벳에서 용접으로 바꾸었습니다. 그리고 도크에 선박 뼈대(용골)를 깔고 철판과 구조 부재를 이어 붙이는 방식에서 탈피합니다. 마치 레고 블록처럼 선박의 각 파트를 쪼개서 만든 다음 도크에서는 크레인으로 블록을 쌓아 올렸습니다. 미국의 조선업들은 이러한 일련의 혁신으로 매달 수백 척의 상선들을 전장에 쏟아 냈습니다.

전쟁 후 그 기법이 일본으로 넘어가 고도화되었고, 일본이 엔고와 설비 과잉으로 흔들릴 때 우리가 다시 발전시켰습니다.

한국 조선업은 이를 조선소 밖에서 가능한 한 많은 부분을 만들고, 안에서는 모듈화·블록화로 빠르게 쌓아 배를 완성하는 수준까지 끌어올렸습니다. 설계도면이 내려가면 조선소가 있는 울산 인근뿐 아니라 전라남도, 심지어 중국에서 만든 부분품도 바지선으로 실어 와 조립합니다.

핵심은 이 부품, 블록이 조선소에 들어왔을 때 서로 '탁탁탁' 들어맞느냐입니다. 그게 안 되면 공정 전체가 멈춥니다. 왜 핵

따로 만들어진 선박 블록을 조립하는 모습.

심이냐면, 철판을 가공해 만든 블록을 쌓을 때 외판만이 아니라 내부 격판, 배관, 각종 의장품까지 수십·수백 개의 접점이 동시에 맞아야 하기 때문입니다. 블록과 블록 사이 접합부만 해도 100개가 넘습니다. 우리는 정도accuracy 관리가 잘되어 있어 오차를 대략 10밀리미터 이내로 억누를 수 있습니다. 반면 관리가 나쁜 조선소는 20~50밀리미터까지 벌어집니다. 이런 차이가 생산성 격차로 직결됩니다.

이렇게 말하면 조선에 대해서 잘 모르는 사람은 "그냥 설계도대로 만들면 되는 것 아니냐" 하고 반응하기도 합니다. 그러나 그게 어렵습니다. 저는 이른바 블록 공법을 실제로 실행하는 과정에서 실패가 반복되는 이유를 이렇게 설명합니다. 설계도에 '무엇을 만들 것인가'만 담아서는 부족하고, '어떻게 만들 것인가'까지 도면에 녹여야 한다는 것입니다.

전통적인 조선업 설계는 아주 디테일한 부분까지 이루어지지는 않았습니다. 선박의 사양을 결정하는 기본 설계 이후, 엔진 등의 주요 장비, 배관, 전선의 배치를 하는 상세 설계까지만 하고 도면을 현장에 내려보냅니다. 그러면 이후 실제 제작은 현장 기능공들이 알아서 했습니다. 숙련 기능공이 도면을 보고 노하우와 감으로 철판을 자르고, 구부리고, 붙여서 배를 만드는 것이었습니다. 조선소 안에서 선박의 모든 것을 다 만들고, 숙련된 장인들이 건조 과정의 문제점을 현장에서 풀어가는 방식이었습니다. 선박의 외형은 철판을 잘라 이어 붙여야 하는데, 구멍을 내고 리벳을 때려 박는 선체 건조 방식도 숙련된 장인들을 필요로 했습니다. 블록을 대형으로 만들어 딱 맞게 붙일 필요가 없었습니다.

하지만 블록 공법을 적용하려면 필요한 정보의 차원이 달라집니다. 수천 장의 철판을 어떤 치수로 자르고, 그 다양한 피스를 어떤 순서로 붙이며, 단계별로 정도를 어떻게 체크하고, 어떻게 다음 단계로 넘어가는지를 모두 정의해야 합니다. 모듈마다, 피스마다 필요한 정보가 다 들어가 있어야 합니다. 전통적 방식에서는 배를 만드는 방법에 대한 지식이 설계도 밖, 즉 기능공의 숙련에 있었지만, 현대화된 조선업은 기계를 동원하고 초보자도 만들 수 있도록 그 지식을 설계도 안으로 옮깁니다. 말 그대로 '만드는 방법'을 도면에 내장하는 것입니다. 이 도면은 전통적인 선박 설계의 도면과 차원이 다르게 상세합니다. 각 블록의 정밀도를 감안한 아주 세부적인 조립 도면이 필요하기 때문입니다.

이를 생산설계라고 합니다. 자동차 시제품을 만든 다음, 양산을 할 때 세부적인 도면으로 조립하는 개념입니다. 그냥 도면이 아니라, 작업의 순서와 투입 자재의 특성이 모두 반영된 종합적인 조선 지식의 총체입니다. 배의 사양, 사용하는 자재의 특성은 물론이고 조선소의 레이아웃과 크레인 용량, 작업자의 기량까지 모두 반영해야 하는 복잡하고 어려운 도면입니다.

그리고 이렇게 만들어진 도면을 '생산을 위한 도면', 즉 '생산도生産圖, production drawing'라고 부릅니다. 일반 설계도가 "무엇을 만들 것인가"를 보여준다면, 생산도는 "어떻게 만들 것인가"까지 담고 있습니다. 마치 요리책에 완성된 요리 사진만 있는 것이 아니라, 재료 손질부터 불 조절, 조리 순서까지 상세히 적혀 있는 것과 같습니다.

생산도에는 어떤 자재를 쓰는지와 자재 번호, 자재를 어떻게 전개하고 어떤 순서로 어디에 붙일지까지가 상세히 정리되어 있습니다. 이런 수준의 생산도가 있어야 현장에서 흔들리지 않고, 설계대로 빠르고 정확하게 블록을 생산할 수 있습니다.

한국 조선업은 이 생산도 작성에 막대한 투자를 했습니다. 1980년대부터 수백 명의 엔지니어를 채용하고, 당시로서는 최첨단 기술이었던 CADComputer-Aided Design(컴퓨터 지원 설계) 시스템을 도

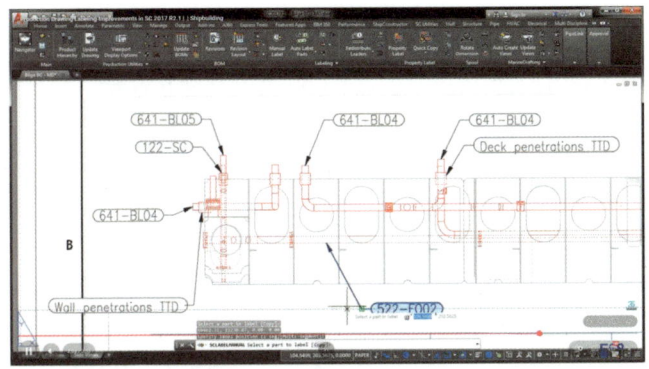

생산도를 제작하는 화면.
출처: 유튜브 채널: 유튜브 채널 〈SSI ShipConstructor〉

입했습니다. 배 한 척을 위해 수천에서 수만 장의 도면을 만들어 냈습니다.

지금은 당연한 것처럼 들리지만, 이렇게 생산도를 도입하는 방식은 결코 당연한 일도, 쉬운 일도 아니었습니다. 자동차 산업에서 생산도를 만든다면 누구나 그러려니 했을 것입니다. 한 번 생산도를 만들면 몇만, 몇십만 대의 자동차를 그 생산도대로 만들게 되기 때문입니다. 그런데 배는 자동차와 달리 오로지 한 척, 하나의 모델을 위해서 설계가 이루어집니다. 오로지 한 척의 배를 위해 생산도를 만들어야 한다는 것입니다. 예전 생각으로는 비용 대비 비합리적으로 보였습니다. 실제로 생산도 작성에는 엔지니어 수백 명과 3D CAD 같은 IT 역량이 필요합니다. 한국은 엔지니어를 대규모로 채용해 CAD와 생산 공정을 가르쳤고, 배의 종류에 관계없이 생산도를 다 만들었습니다.

실행 단계에서는 설계도를 몇천 장, 많게는 몇만 장까지 현장에 내려보냅니다. 현장에는 아침마다 자재 패키지가 도착하고, 심한 경우 볼트·너트까지 세팅되어 있습니다. 작업자는 도면 지시에 따라 넣고 끼우고, 이케아 가구처럼 붙입니다. 같은 배를 100척 만드는 일이라면 쉬울 수 있지만, 현장은 종종 '일회용 설계도'로 움직입니다. 그래서 생산설계를 최대한 빠르고 싸게, 그러나 양질로 만들어야 하고 그 핵심이 IT입니다.

구체적으로는 배의 모든 정보를 디지털로 관리합니다. 예컨대 선주가 2년 전 발주했던 배에서 다른 사양은 같고, 장비 일부만 바꾸자고 하면 배의 96%는 같고 4%만 달라집니다. 그 4%를 찾아 3D 모델을 수정하고, 거기서 생산도를 다시 뽑아 현장의 크레인 상황·자재 상황과 맞춘 '생산을 위한 자재 목록'까지 만들어 넘깁니다. 생산팀은 그 자료를 받아 언제, 어디서, 무슨 작업을 할지까지 계획한 후 실행합니다. 결국 생산도가 있느냐 없느냐가 배를 대량생산할 수 있느냐의 출발점입니다.

한국 조선업이 대단한 것은 다양한 선박의 종류별로, 선주의 요구 사항에 따라 생산설계 도면을 만들고 조선소 안팎에서 동시다발적으로 부분품들을 만들어 냈다는 점입니다. 이를 위해 많은 수의 설계 엔지니어들이 조립 과정, 철판의 가공 오차, 장비의 보호까지 고민해서 3D 설계 툴로 수천, 수만 장의 도면을 만들어 냈습니다. 생산설계 혁신이 없었다면 지금의 한국 조선업의 높은 생산성은 없었을 것입니다.

그런데 엔지니어를 육성하고 IT 시스템을 도입하더라도 여전히 난관은 존재합니다. 한국 외의 많은 나라에서도 시스템은 도입할 수 있었지만, 설계 엔지니어를 투입해 생산도를 그리고 실제로 배를 건조하는 단계에서 두 가지 문제에 부딪혔습니다.

첫째, 생산도는 현장의 제약조건을 반드시 반영해야 합니다. 조선소별 설비 용량, 인근의 선박 기자재 공급망, 수입·국산 여부와 리드 타임lead time(고객의 주문부터 제품이 납품 완료되기까지 걸리는 전체 소요 시간)을 고려해 자재 목록을 확정해야 합니다. 이 정보가 완비될 때까지 기다리면 공정이 늦어집니다. 그래서 한국은 생산도를 약 95% 완성한 상태로 먼저 내고, 나머지 5%는 현장에서 메웁니다.

아무리 IT 기술이 발달하고 도면을 잘 설계해도 현실과 100% 일치하긴 어렵습니다. 철판 가공 오차나 자재 누락 등으로 작업 중 어긋나는 일이 생깁니다. 한국은 문제가 생기면 숙련 기능공들이 생산도와 현장 상황을 종합적으로 판단해 문제를 해결합니다. 반면 외국 조선소는 생산도·자재 패키지가 있어도 현장 문제가 터지면 공정이 멈추는 경우가 잦습니다.

결론적으로 95% 수준의 완성도로 생산도를 빠르게 그려내는 것과 남은 5%를 임기응변으로 처리할 숙련 인력이 둘 다 필요합니다. 하나라도 부족하면 오히려 독이 됩니다. 예를 들어 1,000억짜리 배에 생산도 패키지로 80~90억을 들였는데, 그 도면은 판매한 조선소 환경에 맞춘 것입니다. 사 오는 쪽 크레인이나 블록 크기와 맞지 않으면 도면을 다시 고쳐야 하고 시간·비용이 추가됩니다. 현장 기량이 부족하면 생산도대로 블록을 만들지 못해 품질 문제가 나고 공정이 엉키게 됩니다.

전통식으로 용골부터 쌓아가면 느리지만 꾸준히 배를 만들 수 있습니다. 반면 블록 공법에서는 수백 개 블록을 병렬로 만들다 한 블록이라도 빠지면 전체 완성이 지연됩니다. 그때는 도면 비용과 자재비가 이미 집행된 상태라 손실이 큽니다. 미국도 이런 기법을 몇 차례 시도했지만, 도면에 내재된 현장 임기응변 전제를 뒷받침할 역량이 약해 어려움을 겪었습니다. 한국은 그 마지막 5%를 현장에서 풀어내는 힘이 강합니다.

세계 최대 규모의 조선 인프라

다음으로, 우리나라 조선소들은 대부분 설비가 크고 거대합니다. 이것이 왜 중요하냐면, 배는 기본적으로 철판을 잘라 용접해 오려 붙이는 구조물이기 때문입니다. 조선소에서 건조하는 선박들은 두꺼운 철판을 이어 붙인 선체 내부에 집채만 한 엔진과 각종 기계 장치들을 설치한 거대 구조물입니다. 더 적은 수의 인원이 더 빨리 배를 지어내려면, 조선소는 큰 설비를 갖추고 가급적 큰 규모의 자재를 이용하여 작업 횟수를 최소화해야 합니다. 같은 배를 짓더라도 용접 길이와 블록을 들어 올리는 횟수를 가능한 한 줄여야 하는 것입니다.

길이가 100미터인 바지선(선체가 넓적하고 평평하며 흘수선이 낮은 화물선의 일종)을 만드는 A 조선소와 B 조선소가 있다고 생각해 보겠습니다. 이 배는 20미터 길이의 블록 10개로 구성되어 있습니다. 설비가 좋고 제철소와 근접한 A 조선소는 폭 5미터짜리 철판을 가공, 조립 후 블록을 탑재하여 선박을 완성합니다. 반면 B 조선소는 설비가 노후되고 제철소가 멀리 떨어져 있어 폭 2미터짜리 철판만 사용 가능하다면 어떤 차이가 발생할까요?

　　A 조선소는 20미터 길이의 블록 외판을 만드는 데 5미터짜리 철판 4장을 용접하여 이어 붙이면 되고, B 조선소는 2미터 길이의 철판 10장을 용접해야 합니다. 이 경우 용접해야 하는 양은 A 조선소의 경우 5×3=15미터인데, B 조선소는 2×9=18미터로, 3미터의 차이가 납니다. 더군다나 A 조선소 용접사는 3번 작업을 하면 되고, B 조선소 용접사는 9번 작업을 해야 합니다. 작업을 할 때마다 위치를 이동하고 장비를 세팅해야 하므로 시간이 추가됩니다. 용접 길이와 작업 횟수의 차이를 함께 고려하면 서로 다른 철판의 폭으로 인한 조립 단계에서의 생산성 차이는 50% 이상 발생합니다.

　　이와 같이 조선소의 설비가 크면 생산성 향상에 매우 유리합니다. 더 큰 철판을 더 큰 절단기로 가공하고, 더 큰 크레인을 사용하면 품과 작업 시간을 줄일 수 있습니다. 블록을 옮기는 특수 차량도, 도장을 하는 셸터도, 기능공들이 이용하는 각종 설비도 다 함께 크고 강력하다면 그만큼 초기 비용이 들지만, 각각의 효과들이 쌓여 생산성에서 큰 차이가 발생하게 됩니다. 또한 조선소의 설비에 걸맞게 철판부터 엔진까지 최대한 크고 많은 양을 공급받을 수 있어야 합니다.

15년 전 중국이 한국 조선업을 맹렬히 추격할 때의 일입니다. 그때 한국 조선소들은 원가 절감을 위해 중국에 블록 공장을 세우고 간단한 블록을 생산하여 한국으로 가져오기 시작했습니다. 그런데 막상 중국에서는 넓은 철판을 구할 수 없어 생산성을 올리는 데 많은 어려움이 있었습니다. 한국(포스코 등)에서는 폭 5미터 이상 철판이 나와서 길이 50미터 구간도 10장 정도면 쫙 깔 수 있었습니다. 그런데 당시 중국의 많은 제철소들이 폭 2.4미터 이상의 철판을 생산하지 않았습니다. 왜 그런가 했더니 수송 제약 때문이었습니다. 그 당시 내륙에 소재한 중국 제철소들은 기차와 트럭으로 철판을 운송했습니다. 2.4미터 이상 폭을 키우기 어려웠고, 그래서 많은 중국 조선소들의 절단기·크레인 등 설비도 최대 폭 2.4미터 철판에 맞춰져 있었습니다. 2.4미터짜리로 작업하면 5미터짜리 대비 용접이 2배 이상 늘어나 생산성이 떨어집니다. 이런 논리로 자재는 크고 길수록 생산성 향상에 유리합니다. 가령 티바$_{T-bar}$같은 선박 구조재가 그렇습니다.

다만 블록이나 자재를 크게 만들려면 물류와 인프라가 뒷받침되어야 합니다. 너무 큰 자재는 특수 차량이나 바지선으로만 옮길 수 있어 제철소와 가공 공장이 바닷가에 있어야 하고, 운반용 바지선도 필요합니다. 앞에서 설명한 내륙 소재 중국 제철소처럼 철판을 기차나 트럭으로 운송해야 하는 곳은 생산은 할 수 있어도 운반이 어려우므로 폭 5미터 철판을 지속적으로 공급하기 어렵습니다. 한국은 제철소나 조선소나 모두 바닷가에 위치합니다. 전용 선박을 이용해서 폭이 넓은 철판을 운송하여 기차나 트럭의 적재 한계를 극복했습니다.

설비 규모로 인한 생산성의 차이는 선박 블록들을 쌓아 올려 배를 완성하는 드라이 도크$_{Dry Dock}$(건선거乾船渠)와 도크 크레인의 규모에서 결정적으로 발생합니다. 중국도 예전에 만든 도크는 규모가 작았지만, 요즘 만드는 것은 크기가 우리와 비슷합니다. 우리는 이미 철판 규격부터 운반 인프라, 크레인까지 전반적으로 규모를 크게 키워왔고, 국내 조선소에는 가장 크고 힘이 센

크레인들이 갖춰져 있습니다.

우리가 어떻게 진작부터 이렇게나 큰 설비를 갖출 수 있었을까요? 여기에는 역사적 배경이 있습니다. 1970년대 정부가 조선을 핵심 중화학 산업으로 키우면서 일본을 벤치마킹했습니다. 당시 전 세계 조선 시장의 핫 아이템은 유조선이었습니다. 유가가 배럴당 2~3달러 수준으로 싸다 보니 원유 수요는 계속 늘어났고, 운송 단가를 낮추기 위해 유조선의 크기를 늘리는 경쟁이 치열했습니다. 100만 톤의 원유를 한 번에 실을 수 있는 유조선 수요가 예상되자, 그에 맞춘 초대형 도크를 팠습니다. 100만 톤급 화물선용 도크는 길이는 500미터, 폭은 100미터 이상이어야 했습니다.

이 필요에 부응하여 만들어진 한화오션(구 대우조선) 1도크는 1980년 당시 전 세계에서 가장 컸습니다. 길이 530미터, 폭 131미터입니다. 그런데 막상 이런 초대형 도크를 다 짓고 나니 100만 톤급 유조선은 경제성이 없다는 시각이 확산되었습니다. 선주들이 초대형 유조선은 해상사고 시 기름 유출 리스크가 너무 커 보험 가입이 어렵고, 운항 간격도 길어 비효율적이라고 판단한 것입니다. 선주들은 30만 톤, 15만 톤급 유조선으로 눈을 돌렸고,

발주되는 유조선의 크기는 다소 줄었습니다. 결국 1980년대 중반 이후 길이 320미터, 폭 60미터 정도 되는 30만 톤급 유조선(VLCC)들이 대거 발주되었습니다. 그런데 우리는 이미 엄청나게 큰 도크와 비싼 외국산 대형 크레인을 갖춘 상태였습니다. 여기서 조선업계에서는 발상을 전환했습니다. "배가 작아졌다면 블록을 더 크게 만들자."

블록을 크게 만들면 쌓아 올려야 할 블록 개수를 줄일 수 있습니다. 어떤 조선소는 크레인과 설비 한계로 배 한 척을 완성하기 위해 300개 블록을 쌓아야 하지만, 우리는 쌓고 붙여야 하는 블록 숫자를 100개, 30개(메가 블록), 10개(기가 블록)로 줄였습니다. 한때 일감이 많을 때는 극단적으로 5개의 초대형 테라 블록을 이어 붙여 선박을 완성하기도 했습니다. 엔진부·선수·선미 블록처럼 복잡하고 어려운 블록은 조선소에서 직접 만들고, 선체 중앙 구간처럼 만들기 쉬운 블록은 국내 다른 공장이나 중국 공장에서 만들어 들여오기도 했습니다. 블록 크기를 키우고 숫자를 줄이자 생산성 향상 효과가 크게 나타났습니다.

도크에서 블록을 쌓아 올리는 작업은 20~30미터 상공의 허공에서 이루어지므로 모든 게 불편합니다. 예전에는 특수차도 없이 배 옆에 비계를 광범위하게 설치하고 사람이 비계 위를 오르내리며 일해야 했습니다. 비계에서 이런 작업을 한다는 건 위험하기도 하고 공간도 협소하여 작업 조건이 열악하고 어렵습니다. 그렇기에 블록 숫자가 많으면 생산성과 품질 측면에서 절대적으로 불리합니다. 블록 수를 줄이고, 크레인과 설비 용량을 살려 큰 블록을 만들고, 이들을 정확히 붙일 수 있다면, 작업량이 줄고 공정 속도가 올라가 생산성이 어마어마하게 높아집니다.

그 당시 일본 조선소들은 도크 폭이 100미터 이하여서 그들은 어쩔 수 없이 VLCC를 도크에서 한 척씩 건조했습니다. 그런데 한화오션 1도크는 폭이 131미터로 충분하니 폭 60미터의 VLCC 2대를 나란히 도크에 배치하여 건조했습니다. 여기에 그 당시 세계에서 가장 크고 거대한 900톤급 크레인도 설치해서, 경쟁사들은 개당 300~400톤 정도의 블록 300개를 쌓아 올려 VLCC 한 척을 완성할 때, 한화오션은 최대 800톤 크기의 블록 150개를 탑재해서 VLCC 한 척을 완성했습니다. 동시에 더 많은 배를 더 효율적으로 빨리 건조할 수 있었던 것입니다. 요즘은 고가의 LNG선 네 척을 동시에 건조하기도 하니, 대형 설비의 위력은 정말 대단한 것입니다.

일각에서 메가·기가·테라 블록 공법을 두고 "조선소가 도크와 크레인으로 조립만 하면 되는 것 아니냐", "외부에서 다 만들어 오면 누구라도 할 수 있는 것 아니냐"라고 비판하기도 합니다. 하지만 비슷한 크기의 도크와 설비를 갖고도 어떤 회사는 연간 50척을 건조하지만, 어떤 곳은 10척도 만들지 못합니다. 차이는 조선소 밖으로 효과적으로 작업을 배분하고 관리할 수 있는 조선소 자체의 역량과 함께, 조선소의 이러한 주문량을 처리할 수 있는 인프라와 공급망의 존재 여부입니다. 한국 조선업은 조선소들의 관리 역량도 우수하며, 뛰어난 인프라와 함께 공급망의 힘이 매우 강합니다.

국가별 총 건조 척수로는 한국이 세계 2위이지만, 조선산업 클러스터라는 관점에서 보면 다릅니다. 울산·부산·거제 클러스터의 건조 규모와 생산성 수준은 단연 세계 1위입니다. 조선 기자재 업체들, 대형 조선소들, 인력들이 이 지역에 집중돼 있습니다. 중국은 국가 전체의 시설 규모는 더 크지만 거점이 5~6곳으로 흩어져 있고, 일본도 여러 곳에 분산되어 있습니다.

현재의 경남권 조선업 클러스터는 정부의 경쟁 체제 도입으로 확대 발전되었습니다. 정부가 현대에 울산 조선소를 맡기는 동시에, 1968년부터 민영화된 부산의 조선공사에도 자금을 대 거제에 제2의 조선 기지를 짓게 했습니다. 해운업과 수리 조선업 이 발달했던 부산을 축으로 울산과 거제가 삼각 구도를 이루었 습니다. 울산의 현대중공업이 1974년 준공되었고 1981년에는 거 제에도 대우조선(현 한화오션)이 들어섰습니다. 이어 정부가 삼성 의 조선업 진출을 권고해, 거제 장평 지역에 삼성중공업이 들어 왔습니다. 이들 조선소는 소위 빅3라 불리며 한 때 전 세계 조선 소 순위 1, 2, 3위를 차지하기도 했습니다.

부산·경남권은 입지 여건도 우수합니다. 깊은 만과 수심으 로 외해의 거친 파도로부터 보호되고 준설 비용도 적게 들었습 니다. 대형 구성품을 바지선으로 옮기기도 쉽습니다. 블록 공법 이 발달하고 다루는 물자의 크기가 커지면서 조선소 주변은 해 상 물류도 활발합니다. 포스코 철판도 배로 들어옵니다. 포항 제 철소, 부산항, 비교적 온화한 기후가 더해져 세계 최고 수준의 조 선 클러스터가 만들어졌습니다.

과감한 투자로 더 큰 도크, 더 강력한 크레인, 더 큰 가공 설 비들을 갖춘 조선소에, 그 조선소가 소화할 수 있는 최대한의 사 양으로 철판과 각종 자재를 공급할 수 있는 공급망이 함께 있다면, 생산성 측면에서 절대적으로 유리합니다. 한국 조선업은 겁 없이 세계 최대의 시설 규모로 첫 삽을 뜬 선각자들의 도전 정신이 있었기에 현재의 생산성에 도달할 수 있었습니다.

빨리, 더 빨리! 차별화를 만드는 공정 선행화의 비결

2005년 이후 조선업에 집중투자한 중국에서는 최근까지도 대형 도크를 계속 파고 있습니다. 요즘은 우리나라 최대 규모에 근접 하거나 더 큰 초대형 도크까지 중국에서 계속 들어서고 있습니다. 다만 도크는 자본집약 설비이기 때문에 수주가 줄면 오히려 부담이 됩니다. 과거 일본이 오일쇼크와 불황을 겪으며 일부 도크들을 폐쇄할 때, 우리는 도크를 계속 늘려 일본과 마찰을 빚었습니다. 지금은 중국이 당시 우리의 전략을 그대로 따라가고 있습니다. 시장이 좋을 때 조선소 시설을 확장하고, 당장은 수요가 꺾이더라도 일단 '지르고' 보는 방식입니다. 시황이 개선되어 수요가 몰리면 더 많은 주문을 가져와 선행 투자를 만회하자는 생각입니다. 그래서 조선소 시설 자체는 뒤따라오는 쪽이 더 크고 좋을 가능성이 높습니다.

그렇지만 중국의 약점도 분명합니다. 우리가 어떻게 성공했는지 잘 알고 따라 하고 있으나, 20년 이상 경력의 숙련공 집단 계층의 규모와 현장 운용 역량은 아직 약합니다. 특히 핵심 기법인 '선행화'에 대한 집착과 실행력에서 차이가 납니다.

선행화라는 단어는 일상생활에서는 거의 쓰지 않습니다. 가령 배를 5개 공정을 거쳐 만든다고 할 때, 세 번째 공정에서 할 일을 최대한 그 앞 공정에서 미리 한다는 뜻입니다. 배의 외형을 다 만든 뒤 배관·전선·의장품을 넣는 대신, 블록을 만들면서 미리 설치하는 방식입니다. 전선 트레이와 각종 의장품을 블록 단계에서 선先부착합니다. 상식적으로 생각하면 철판을 자르고 붙여서 만든 선체 구조물 조립이 끝나고 탑재가 된 후에 배관이나 전선을 설치하고 기기 장비를 설치하는 게 더 효율적인 것처럼 보입니다. 선행화 때문에 괜히 두 번 일하게 되는 게 아니냐고 생각할 수도 있지만, 실제로는 그렇지 않습니다. 우선 큰 장비를 크레인으로 들어서 넣기는 어렵고 복잡합니다. 많은 배관 자재를 배 안으로 들고 들어가서 설치하는 것도 힘듭니다. 작업 공간이 협소한 곳이 많기 때문입니다. 블록을 도크에서 탑재하고 나서 기기 장비를 설치하지 말고, 블록 안에 미리 기기 장비를 다 설치해 두면 도크에서의 크레인 작업이 현저히 줄어듭니다. 기기 장비와 함께 그 사이의 배관과 전선을 미리 다 설치해서 하나의 큰 덩어리(유닛)로 만들어 세팅과 테스트를 어느 정도 하고 한꺼번에 설치해 버리는 방법도 있습니다.

지하 주차장의 천장을 보면 배관과 전선이 어지럽게 지나갑니다. 사람과 차가 다니는 바닥은 통행로와 공간을 확보해야 하니 머리 위로 올리는 게 당연한데, 무거운 배관과 전선을 들어 올려서 설치를 해야 하므로 작업자의 목과 허리도 아프고 안전사고 위험도 높습니다. 배에도 배관과 전선은 대부분 천장과 벽에 설치됩니다. 공정 선행화를 하면, 선체 블록을 만들면서 미리 배관과 전선 트레이를 함께 설치합니다.

한국은 블록을 만들 때 '거꾸로 바닥에 내려' 아래를 바라보는 자세로 배관·전선·의장품을 깔고, 이후 블록을 뒤집어 결합합니다. 블록을 뒤집어서 천장을 바닥으로 놓고 배관 등을 설치한 후 나중에 이를 다시 뒤집으면 작업이 수월합니다. 공정 선행화는 단순해 보이지만 현장에서는 큰 혁신이었습니다. 이 선행화를 최대한 많이, 충실하게, 끝까지 구현할 숙련과 체계가 우리 생산성 우위의 실질적 원천입니다.

할 수만 있다면 최대한 선행화를 하는 것이 생산성 향상에 절대적으로 유리합니다. 일단 블록의 모양이 갖춰지고 탑재가 진행되면 작업 공간이 매우 협소하고 위보기 작업이 많아지므로 생산성이 5분의 1 이하로 떨어집니다. 배가 진수되어 안벽에 계류된 상태에서 작업을 하게 되면 도크 단계보다 다시 생산성이 3분의 1 이하로 떨어집니다. 안벽에 계류된 배는 어느 정도 만들어진 것이라 다른 작업을 자꾸 하면 도장이 손상되어 보수해야 등 일이 줄지 않기 때문입니다. 만약 해외에서는 안벽 계류 단계에서 하는 작업을 도크 단계나 심지어 블록 단계에서 마무리할 수 있으면 생산성이 10배 이상 높아집니다.

한국 조선소들은 지난 30년 동안 공정 선행화를 치열하게 했습니다. 그래서 많은 상선들이 도크 단계에서 건조 공정의 90% 이상을 달성하고, 외국에서는 안벽 단계에서나 하는 일부 장비의 시운전을 도크 단계에서 다 해버립니다. 이를 위해 무수히 많은 아이디어, 시행착오, 개선을 해왔습니다. 생산설계에도 다 반영을 해서, 얼마나 선행화를 해야 최적인지 (너무 무리하게 선행화를 하면 도장과 기기장비가 손상될 위험이 큽니다) 감안하여 도면과 자재를 적절히 공급합니다. 미리 설치한 배관과 장비를 보호해야 하

블록에 내장을 설치하는 선행화 현장.

용접 방식에 따라 작업자에게 가해지는 부담과 생산성이 크게 달라진다. 왼쪽 위부터 시계 방향으로 아래보기, 수평, 위보기, 수직 자세.

므로 커버를 씌워야 하는 등 손이 많이 가고 세밀한 공정 관리가 필요하므로 사실 많이 피곤한 일입니다.

일을 미루고 조건이 되면 그때 가서 하려는 게 인간 본성입니다. 한국 조선업은 이런 본성을 거슬러 최대한 미리 작업을 하려고 부단히 노력했습니다. 매일 모든 공정 단계에서 선행 공정율을 체크하고 0.1%라도 더 개선하려고 설계, 자재, 구매, 품질, 생산계획의 모든 부서가 지독하게 노력했습니다. 때로는 왜 이렇게까지 하는지 이해가 안 될 정도로, 무리할 정도로 선행화를 했습니다. 그렇게 누적된 결과가 아주 어렵고 복잡한 선박이 아니라면, 최초 철판 절단 이후 1년 이내 배를 완성하여 인도해 버리는 것이 한국 조선업의 현재 실력입니다.

K-조선을 지탱하는 사람의 힘: 숙련 기능공과 조직 문화

이렇게 한국 조선업의 성공 비결을 대형 설비에 기반한 블록 공법과 공정 선행화라고 정리하면, 자본과 시스템을 투입하는 것으로 금방 따라 할 수 있을 것 같습니다. 하지만 실제로는 어렵습니다. 시스템을 적용하더라도 하나의 난관이 기다리고 있습니다.

이 난관을 타파할 열쇠가 바로 숙련 기능공 집단입니다. 한국 조선업의 시스템을 따라 하려면 결국 생산설계와 생산도로 돌아와야 합니다. 블록을 만드는 단계에서 배관 설치 설계가 미리 끝나 있어야 하고, 그 설계대로 가공한 배관 피스가 제때 현장에 도착해 있어야 합니다. 그리고 A 블록 배관 끝과 B 블록 배관 끝이 현장에서 정확히 맞아야 합니다.

만약 붙여보니 끝이 어긋나 있으면, 이미 설치한 배관을 뜯어내고 다시 해야 합니다. 큰 자재는 그대로는 빠지지 않아 블록 옆면을 절개해야 하는 경우도 생깁니다. 이런 시행착오를 하다 보면 작업량이 2배, 3배로 불어나고, 처음에 '멋모르고' 선행화를 시도했다가 배가 끝내 완성되지 못하는 사태도 벌어집니다. 앞서 말씀드린 것처럼, 95%의 생산도를 100%로 완성하는 것은 결국 현장의 숙련 기능공들입니다.

세부적인 생산도면, 거대 시설, 공정 선행화가 합쳐지면 조선업 생산성이 획기적으로 높아집니다. 이는 한국만 아는 비결이 아닙니다. 용접으로 철판을 붙이고, 블록 공법으로 배를 건조하는 방법이 보편화된 1960년대 이후 조선업을 전략적으로 육성하려는 여러 나라들이 다들 시도했던 방법입니다. 중국도 1980년대에 일본의 철강·조선 기술을 들여와 비슷한 방식을 시도했지만, 초기에 배가 계획대로 완성되지 않는 문제가 반복돼 약 20년간 어려움을 겪었습니다. 결론적으로 블록 공법과 선행화는 현장의 '수준'이 받쳐줘야 가능합니다. 목표 일정을 지켜가면서도 정도를 지켜내고, 선박의 최종 품질을 일정 수준으로 끌어올리려면 현장 기능공들의 숙련도가 매우 높아야 합니다.

한국은 1970년대부터 조선업을 집중적으로 육성했고, 여러 나라가 같은 목표를 가지고 투자했습니다. 중화학 공업 중심의 산업화를 위해 많은 개발도상국들이 조선업에 뛰어들었습니다. 차관을 받아와서 도크를 팠고, 조선업 절대 강자로 군림하던 일본이나 또 다른 강자 유럽에서 설계 도면을 사 왔고, 기술 인력들과 기능공들을 양성했습니다. 많은 나라가 시도했으나 성공한 사례는 1970년대 한국과 2000년대 중국뿐입니다.

거대 시설에 투자하면 원가 부담이 높아집니다. 세부적인 생산도면을 확보하려면 수백 명의 엔지니어들을 동원하거나 외국에서 비싼 돈을 주고 사 와야 합니다. 공정 선행화를 하려면 기자재를 미리 사 오거나 수입해야 하니 자금 부담이 큽니다. 그런데, 만약 기능공들의 숙련도가 부족해서 절단한 철판이, 조립한 블록이, 설치한 배관이, 연결한 전선이 잘못되어 있거나 품질 기준에 미달하거나 하면 큰 낭패입니다. 재작업을 하려면 자재를 다시 사야 합니다. 한번 만들어 놓은 것을 수정하는 일은 복잡하고 비효율적이므로, 결국 전체 공정이 늦어집니다. 아무리 생산 도면이 잘되어 있고, 설비가 거대하고, 자재를 확보하여 공정 선행화를 해도 정작 품질 기준을 지켜서 정해진 일정 내에 생산을 해내지 못하면 오히려 안 하느니 못합니다. 이럴 경우에는 미국 조선소들처럼 노후한 시설에서 천천히 배를 만들면서 인원을 최소화하고 배 값은 많이 받는 것이 차라리 낫습니다.

흔히 용접을 쉽게 생각합니다. 간단한 CO_2 용접도 요구 품질 기준이 올라가면 상당히 어렵습니다. 수직면이나 위보기 용접이라면 몇 배나 더 어려워집니다. 게다가 수백, 수천 피스의 절단된 철판들을 붙이는 과정에서 순서와 방법이 조금이라도 달라지면 블록의 모양새가 틀어집니다. 하나의 블록이라도 틀어지면 블록끼리 쌓아 올려 배를 만들 수가 없습니다. 배관 연결부도 맞지 않게 되고, 그럼 엔진과 발전기를 돌릴 수 없어 배를 도무지 완성할 수 없게 됩니다.

흔히 도장을 쉽게 생각합니다. 아무 장애물이 없는 곳에서

도장 스프레이를 위아래로 움직여 도장을 하는 것도 해보면 어렵습니다. 하물며 몸뚱아리 하나 넣기도 힘든 곳에 기어 들어가 세 번, 네 번 도장을 한다는 것은 보통 어려운 일이 아닙니다. 배관 설치도, 전선 포설도, 기자재 시운전도 동일합니다. 일정 수준 이상의 기량을 갖춘 기능공들 수백 수천명을 확보하고 관리하면서 이들이 10년 이상 선박 건조를 계속하여 숙련도를 갖추게 하는 것. 이것을 우리는 해냈고, 다른 나라들은 실패했습니다.

중국은 현대적인 조선업에 1980년대부터 투자했으나 20년간 고전했고, 우리도 초기에는 많이 헤맸습니다. 하지만 그렇게 오래 헤매지 않았습니다. 어째서였을까요? 여기에는 한국 조선 고유의 역사가 녹아 있습니다. 한국 조선업이 비약적으로 발전한 것은 1980~1990년대입니다. 거제도가 지금은 거가대교로 부산 쪽과 연결되어 있어 한결 접근성이 좋아졌지만 당시에는 외딴 섬이었습니다. 섬 안에 거대한 조선소가 두 곳이나 있었으니 거제도는 그야말로 '조선 아일랜드'였습니다. 울산 일대도 마찬가지로, 삶과 일이 하나로 엮인 혼연일체의 공업도시였습니다. 회사 작업복을 입고 출퇴근하고, 주말과 일상이 공정과 뒤섞였습니다. 공정 기한을 못 맞추면 퇴근길·사원아파트·동네까지 동료와 얼굴을 맞대고 대책을 논했습니다. 퇴근해 봐야 내 옆집, 온 아파트에 동료들이 포진해 있습니다. 그러니까 실질적으로 퇴근이라는 게 있을 수가 없었습니다. 퇴근하고 소주잔 기울이면서 "내일 새벽에 먼저 자재 타 오고, 이렇게 저렇게 해보자"라며 얘기하는 게 자연스러운 일이었지요. 그렇게 공동체가 생산성 향상을 위해 10년, 20년, 30년을 동고동락했습니다.

여기에는 군대식 기강 문화도 섞여 있었습니다. 앞에서 말씀드린 것처럼 생산도를 95%까지 만들어 일단 내고 현장에서 메우는 과정에서 설계와 현장 상황이 맞지 않아 공정 지연이 생기면, 반장이 설계실로 직접 올라와 해결책을 재촉하면서 공정을 사수했습니다. 일정 목표는 반드시 지킨다는 공감대가 아주 강했고, 그 분위기 속에서 조선소의 모든 부서가 현장의 문제를 자기 부서 일처럼 처리했습니다. 그 와중에 욕지거리가 튀어나오고 안전모를 집어 던지며 압박하는 공포 분위기가 조성되기도 했습니다. 여기가 서울이라면, 대도시라면 회사에서 욕 좀 먹더라도 퇴근하고 나면 끝입니다. 그런데 여기에서는 퇴근해도 이 조선소 공동체에서 벗어날 수가 없었습니다.

제가 겪은 사례가 있습니다. 엔진 메이커의 설계 실수로 선박 엔진을 잘못 설치한 것이 7월 말 여름 휴가 시작 하루 전에 발견되었습니다. 인도 일정을 맞추려면 당장 엔진을 다시 들어 올려 각 마운트에 보강 플레이트를 새로 끼워야 했습니다. "휴가 기간 전기 설비 공사로 일주일 내내 조선소 전체 정전"이라는 전사 공지가 내려왔지만, 상관없었습니다. 여름 휴가 여행을 떠나려던 관리자와 작업반원들이 차를 돌려 복귀했고, 비상 발전기를 동원하여 해당 구역만 전기를 살리고 돌관 작업을 했습니다. 20여 명의 작업자들이 동원돼서 한여름 찌는 듯이 더운 날, 좁디좁은 배 엔진룸에서 작업을 진행했습니다. 휴가를 날려버린 아쉬움과 불평보다 "이건 우리 모두의 일이다"라는 인식이 앞섰습니다. 물론 사고를 친 쪽은 사정 없이 욕을 먹었지만, 잘잘못을 따지는 것보다 '우리 일'을 같이 해결하는 게 먼저였다는 겁니다.

외국에서는 이런 문제가 터지면 처리하는 결이 다릅니다. 제 경험으로 추측컨대, 개인주의가 강한 유럽이라면 휴가기간 동안 작업자들이 아예 연락을 받지 않았을 것이고, 이해타산이 강한 중국이라면 평소보다 훨씬 높은 일당(5배, 10배)을 요구했을 것입니다. 우리는 매일 얼굴을 맞대며 일하는 공동체였기에, 부산 사투리로 '우짜겠노'라는 말처럼 벌어진 일은 처리하고 해결하면서 더 나아가는 방식이었습니다. 당장은 각자가 손해를 보는 경우도 있었겠지만, 이런 과정들이 축적되면서 초기의 어려움을 극복할 수 있었고, 조선소 전체의 수준을 빠르게 끌어올릴 수 있었습니다.

주인의식을 갖추고, 회사 근무복을 자랑스러워하며, 아침 7시부터 저녁 7시까지 온 몸이 땀에 절고 지쳐도, 그날의 작업량을 마무리하기 위해 최선을 다한 사람들이 있었기에 생산설계, 거대시설, 공정 선행화의 삼박자가 맞아 떨어졌고, 생산성 개선이 지속적으로 일어날 수 있었습니다.

회사나 정부도 1980년대 말 조선 경기가 어렵다고 포기하지 않았습니다. 설비에 어울리지 않는 작고 간단한 배를 주문하는 고객이라도 무시하지 않고 최선을 다해 만들어 주었습니다. 그렇게 고객을 어떻게든 확보하고 조선소를 계속 돌리면서 기능공들은 실력을 계속 향상시켜 나갔고, 팀워크를 끌어올렸습니다. 청춘을 바쳐 힘든 조선소 일을 했기에 많은 이들이 근골격계 질환으로 고생했고, 용접 흄fume과 가스 흡입으로 고통스러워했고, 이명과 난청으로 힘들어했습니다. 하지만 이들 조선소 기능공들은 결국 절대 강자 일본을 넘어서는 세계 1위 조선업을 만들어 냈습니다.

사람, 설비, 공법이 만들어 낸 다품종 대량생산 체계

한국 조선업이 얼마나 선행화에 몰두했냐면, 배를 물에 띄우기
도 전에 도크에서 발전기와 엔진을 돌립니다. 도장·설치·용접·시
운전이 한 구역에서 동시에 진행되기도 합니다. 그러다 보니 극
단적으로, 같은 배를 만들어도 미국 조선소의 절반 이하의 기간
에 인도할 수 있습니다. "왜 물에 띄우기 전부터 돌리느냐, 진수
식 이후 차례로 하면 되지 않느냐"라는 질문을 받지만, 우리는
고정비가 크기 때문에 속도가 생존에 직결됩니다. 배를 빨리 못
뽑으면 품질이 좋아도 돈이 안 됩니다. 1980~1990년대, 설비 투
자를 이미 많이 해놓은 상황에서 생산성을 높이는 것은 생존의
문제였습니다. 이미 고정비가 많이 들어간 상태였고, 숙련공을
육성해야 하는 상황이므로 "생산성을 올려라. 자격증을 더 따
라"라는 말로 직원들을 격려했습니다. 조선업 종사자들은 다 같
이 하나의 가족, 공동체라는 의식이 강했기 때문입니다. 고정비
를 줄인답시고 인력을 감축하면 기능공을 양성할 수도 없었습니

다. 그래서 일감이 없어도 온갖 용접 기술을 숙달하기 위해 연습하고, 연습 삼아 수주하지도 않은 배를 설계하며 버텼습니다. 이렇게 쌓인 숙련 기능공, 엔지니어 집단이 생산도·선행화·거대 설비를 효과적으로 통합시켰고, 그 결과 '다품종 대량생산' 체계를 만들었습니다.

우리나라 현장에서는 유조선·컨테이너선·LNG선·LPG선·군함을 한 조선소에서 병행 생산합니다. 전 세계에 이렇게 다양한 선종들을 한 조선소에서 만드는 곳은 드뭅니다. 당연히 설계 인원이 많이 필요하고 관리 포인트도 늘어납니다. 다품종 대량생산 체계를 유지하기 위해 막대한 비용과 노력이 수반되므로, 외국에서는 우리의 방식을 이해하지 못하는 경우가 많습니다.

공장에서 생산성을 높이려면 똑같은 물건을 대량생산하면 쉽습니다. 하지만 주문 생산이라면 대량생산하기란 어렵습니다. 주문들이 다양하고 차이가 나기 때문입니다. 배의 종류는 많습니다. 군함, 화물선, 여객선, 작업선, 지원선, 어선, 유람선 등이 있고, 세부적으로 들어가면 크기도, 사양도, 소유주도, 선급도, 운항사도 다르므로 세상에 똑같은 배는 사실상 없습니다.

많은 조선소들이 특정 선종에 특화하여 가급적 소품종을

대량생산하려 합니다. 철광석 운반선, 스테인레스 화학제품 운반선 등 화물선 중에서 특정 종류에 특화하고, 오랜 세월 소수의 고객을 위해 배를 계속 만듭니다. 일본에는 이런 조선소들이 많습니다. 조선소 시설이 클 필요도 없고, 인원도 적당히 유지할 수 있습니다. 주문량만 안정되면 투자도 적고, 수익률도 어느 정도 낼 수 있습니다. 이런 전략의 약점은 배의 전반적인 사양들이 바뀌어서 기존 설계를 다 뜯어고쳐야 하거나, 고객사들의 주문량이 급감할 때 드러납니다. 설계를 바꿀 역량이 없거나 전문적으로 지어온 배의 수요 자체가 줄면 해결책을 찾기가 어렵습니다. 그래서 이런 조선소들은 수요가 있는 한, 최대한 같은 사양으로 배를 찍어 내려 하며, 표준설계안을 고객에게 강요합니다. 대신 배 값은 최대한 낮추고, 값에 비해 품질은 우수합니다. 이런 전략에 특화된 조선소 중 일부는 10년도 넘은 설계와 자재 패키지를 가지고 똑같은 배를 계속 찍어 냅니다. 그래서 저숙련 인력들과 오래된 설비로도 연간 여러 척의 배를 뽑아낼 수 있습니다.

어떤 조선소들은 의도적으로 항상 다른 배를 만듭니다. 군함과 크루즈선이 대표적인 사례입니다. 군함에서 배의 선체보다는 레이더와 미사일 같은 무장 시스템이 핵심인데 연식에 따라 배마다 차이가 있습니다. 크루즈선은 배마다 인테리어 테마가 다르고, 세부 디자인이 다릅니다. 크루즈선들의 디자인이 모두 같다면 이용객들에게 즐거움을 줄 수 없습니다. 이런 배들은 많이 만들 수도 없어서 한 해에 조선소에서 한두 척 만드는 게 고작입니다. 비싸고 복잡한 이런 배들을 전문으로 만드는 조선소들은 실력이 뛰어난 설계 인력과 의장 인력들을 많이 고용하고 있으며, 고객들의 요구사항을 세세히 반영해 주지만 배 값이 비싸고 건조에 시간이 오래 걸립니다.

한국 조선소들은 제3의 모델입니다. 다양한 품종의 배를 한 조선소에서 연간 수십 척 건조하는 방식입니다. 이렇게 하려면 일단 조선소가 크고 넓고, 설계 인원도 많아야 합니다. 유조선, 컨테이너선, LNG선, 군함 등을 다양한 종류별로 고객들의 입맛에 맞게 동시에 건조합니다. 사실 생산성을 유지하기 어려운 조건이지만 이렇게 하는 이유가 있습니다. 중대한 오류가 없는 설계도를 만들고, 충분한 준비를 통해 생산성을 유지하면서 배를 건조하려면 인도 시점 대비 2년 전에는 수주를 해야 합니다. 그런데 해운 시장에는 등락이 심해 조선소가 원하는(설계가 있고, 건조 실적이 있는) 배만 수주를 하려면 물량을 못 채웁니다. 물량을 못 채워서 나중에 급하게 수주를 하면 설계가 늦게 나오고, 자재 준비도 어렵고, 결국 배도 제때 못 만드는 악순환에 빠집니다. 그래서 어쩔 수 없이 다양한 종류의 배를 미리미리 수주하고 건조하는 다품종 대량생산 체계를 유지합니다.

왜 이렇게까지 하느냐 하면, 특정 선종만을 만들면 10년 중 2~3년만 주문이 폭증하고 7~8년은 물량이 마르기 때문입니다. 고정비가 많이 들어가는 조선소 입장에서는 도크를 비우고 놀려둘 수 없으니 '안 해본 배'나 '어려운 배'도 만들어야 합니다. 이상적으론 2~3년 전에 실적 있는 도면으로만 도크를 꽉 채우면 가장 돈이 되지만, 현실에선 그게 잘 안됩니다. 그래서 소품종 대량생산을 유지하면 돈을 많이 벌지만 그 기간은 10년 중 3년 남짓입니다. 나머지 7년을 버티려면 가리지 않고 온갖 배를 다 수주받아 만들어야 합니다. 이런 다품종 대량생산 시스템을 운영하려면 기본적으로 인력 수준을 잘 유지해야 합니다. 언제 조선 호황이 닥칠지 모르고, 호황이 오면 또 인력이 필요하기 때문에 불황이라고 해서 함부로 인력을 감축할 수 없습니다. 그리고 이 핵심 인력들을 유지하기 위해서, 고정비를 감당하기 위해서는 다양한 배를 계속 수주해야 합니다. 그 과정에서 또 실력이 쌓이고 선순환 구조가 만들어집니다. 이 선순환을 만드는 데 20년이 걸렸고, 1990년대 중반 이후 30년을 버텨왔습니다.

한국이라고 해서 좋아서 제3의 모델을 견지한 건 아니었습니다. 하지만 계속하다 보니 설계 엔지니어들이 지속적으로 다양한 선박들을 다루면서 역량이 강화되었습니다. 현장 기능공들도 온갖 종류의 배들을 만들면서 웬만한 요구 사항은 무리 없이 소화할 수 있게 되었습니다. 종류가 많아 피곤하지만 어쨌든 물량을 미리 채워서 준비하고 건조하므로 설비 가동률도 높고 조선소 전체가 긴장감 있게 돌아갑니다. 생산설계-거대설비-공정 선행화-숙련된 기능공 집단의 톱니바퀴가 돌아가게 한 결과이자 원인이 바로 다품종 대량생산 조선소라는 한국적 모델이었습니다.

그런데 지금 이 선순환 구조가 조금씩 무너지고 있습니다. 숙련 기능공들이 은퇴할 연령이 되면서, 핵심 인력이 빠르게 줄어들고 있습니다. 그런데 인력을 새로 뽑아 키우는 것도 쉽지 않습니다. 과거 연 3,000만 원 주던 자리에 지금은 6,000만 원에서 8,000만 원을 줘야 합니다. 자동차 같은 경우 인건비가 올라가면 브랜드를 고급화해서 판매 단가를 올리기도 하지만, 배 값은 쉽게 못 올립니다. 아무리 기술이 좋아도 한국 유조선이 중국산보다 20% 비쌀 수는 없습니다. 비싸봐야 5~10%고 그마저 격차가 좁혀졌습니다. 결국 해법은 생산성뿐입니다. 중국의 '낮은 인건비×낮은 생산성'과 한국의 '높은 인건비×높은 생산성'을 감안하면 합계가 비슷해집니다. 생산성 차이가 크지 않은 단순한 배는 중국이 가져갑니다. 또한 중국은 국영 조선소들도 많고, 정부·지방정부 지원이 커 적자를 견딜 힘이 있습니다. 우리는 그 부분에서 어렵습니다.

대략 10년 전까지는 조선업계에 뿌리 깊게 박힌 강한 조직문화가 업계를 지탱했습니다. 그런데 2015년 이후 수년 간의 조선 불황을 거치며 공동체 정신을 지닌 세대가 대거 은퇴했습니다. 협력업체와 외국인 근로자 비율이 높아지자 "원청은 안정과 보상을 누리는데 우리는 계약직이고 임금도 낮다"라는 박탈감이 쌓였습니다. MZ세대에게 과거식 희생을 요구하는 건 이제 통하지 않습니다.

그럼에도 버티는 힘은 남아 있습니다. 축적된 강한 조직력, 그리고 블록의 정도를 맞추고 문제를 예방하는 기법·기술이 많이 발달해 초보자나 외국인 근로자도 어느 정도 따라올 수 있습니다. 다만 주력 선종의 설계가 크게 바뀌면 이야기가 달라집니다. 예를 들어 LNG선의 화물창 기술이 혁신돼 배 전체 설계가 바뀌면 필연적으로 시행착오가 생기고, 그 과정에서 고전할 수 있습니다. 요즘 이런 '안 해본 배'를 가장 많이 시도하는 쪽은 한국이 아니라 중국입니다.

우리가 일본을 추월할 때도 비슷했습니다. 일본이 "완성된 일본의 조선 시스템에서 건조하기에는 비싸고 어렵다"라며 미룬 배들을 우리는 도크를 채우기 위해 떠안았습니다. 1980년대엔 정말 '버라이어티'한 배를 많이 했고, 그 과정에서 무척이나 고생했습니다. 생산성은 안 나오고 적자가 누적돼 "조선소 닫고 테마파크나 만들자, 크레인으로 번지 점프대나 만들자"라는 자조까지 나왔습니다. 그래도 경험이 쌓이면, 경기가 살아나고 선종이 정리되는 순간 생산성은 확 뛰어오릅니다.

그렇게 다양한 선종을 만들면서 쌓아온 실력과 유산이 지금 한국 조선업을 지탱하고 있습니다. 일본도 마찬가지입니다. 1990년대 정점이었던 일본 조선업은 지금 배 종류를 줄여, 할 줄 아는 배만 고수하며 과거의 유산으로 먹고사는 중입니다. 우리가 양적인 면에서도 다시 세계 1위를 차지하려면 도크를 더 파고 기능공을 다시 대거 육성해야 합니다. 솔직히 지금은 그렇게 하기에는 자신감이 많이 떨어져 있는 상태입니다.

K-조선의 과거를 통해 미래를 묻다

한국 조선업의 현 위치와 위기를 다시 정리하면 이렇습니다. 생산 물량 기준 국가 순위는 중국에 이은 2위입니다. 생산성과 클러스터 경쟁력은 1위입니다. 이 지위는 지금의 조선 호황이 지속될 동안에는 유지 가능하다고 봅니다. 그 이후는 변수가 많습니다. 첫째, 해외에 노하우를 수출해서, 가령 해외 조선소 건설과 운영에 힘을 싣는다면 관리력이 분산돼 본진의 경쟁력이 약해질 수 있습니다. 둘째, 핵심 인력은 고령화됐는데 젊은 엔지니어·직영 기능공 충원이 잘 안됩니다. 현장에서는 온도가 섭씨 50도에 육박하는 여름철 철판 위에서 두꺼운 용접복을 입고 일을 해야 합니다. 공정을 맞추기 위해 작업 완료 시각이 19시를 넘기는 날도 잦습니다. 같은 용접 기술을 가진 젊은 인력이라면 16시 30분에 그날의 작업을 정리하는 건설 현장을 선호합니다. 일본은 1990~2000년대에 외국인 노동자에게 영주권을 부여하고 '외국인 직반장'을 키워 조직을 유지했습니다. 한국은 지금 외국인이 단순 공정을 많이 처리하는데, 이들을 어떻게 융합시켜 우리 조선 시스템을 유지할지 기로에 서 있습니다.

조선업은 제조 설비나 기계 장비에 투자한다고 해서 문제가 좀처럼 해결되지 않습니다. 비싼 공작 기계와 로봇을 통한 자동화 기반의 생산성 혁신이나 품질 향상은 어려운 산업입니다. 배를 만드는 일은 결국 사람 손으로 마무리를 해야 합니다. 수많은 사람이 수백·수천·수만 개 부품을 만들어 합쳐야 합니다. 그래서 돈과 시간이 충분하면 배는 천천히라도 완성됩니다. 하지만 우리는 그렇게 느긋하게 배를 만들 수 없는 처지였습니다. 최대한 빨리, 품질 좋게 마무리를 해야 한다는 압박감 때문에 힘이 들었습니다.

우리가 처음 조선업을 시작할 때 일본은 이미 압도적 세계 1위였습니다. 이들을 넘어서고자 하는 집념이 한국 조선업을 견인하는 원동력이 되었습니다. 수주량·인도량·기술에서 어느 순간 일본을 능가했습니다. 이후 해운 경기의 등락과 고정비가 부담이 됐습니다. 싱가포르 같은 나라에서는 우리 조선업을 보고 이렇게도 말을 합니다. "애초에 조선업이라는 게 그렇게 하이테크한 산업이 아닌데 너무 고비용·노동집약적이다"라는 것입니다.

시쳇말로 이렇게 사람을 '갈아 넣는' 산업 구조가 나중에 우리 발목을 잡을 것이라는 이야기가 20년 전부터 회자되었고 이제는 현실이 되었습니다. 지금 한국의 국민소득이 3만 5,000달러 선입니다. 이 소득 수준에서 저부가가치 로테크 선종을 싸게 만드는 일은 더 어렵습니다. 로봇을 쓰자는 제안도 있었고, 많은 시도가 있었으나 아직 뚜렷한 활로는 보이지 않습니다. 값비싼 로봇 투자 비용이 더 큰 부담이 되기도 합니다. 결국 조선업 자체가 유지될 수 있느냐, 투자 가치가 있느냐가 시험에 들고 있는 것입니다.

제가 조선소 현장에서 일할 때, 어느 날 새벽에 자다가 갑자기 출근해야 한다면서 소리를 지르며 벌떡 일어나더랍니다. 그때 신혼이었는데, 아내가 들려준 이야기입니다. 그렇게 시달리던 와중에, 공정을 맞추기 위해 새벽 2시에 출근을 했는데, 조선소에서는 야간 작업반의 절단 작업이 한창이었습니다. 다음 달 조립 공정에 쓸 부재들은 모두가 잠든 밤에 잘려 준비되고 있었습니다. 저보다 더 일찍 출근한 사람들도 여럿 있었습니다. 그 후 몇 년이 지나 또 다른 조선소에서 일할 때에는 조수에 따라 선박 진수 시간이 매번 달라졌습니다. 하루는 다음 날 새벽 3시에 배를 특수 장치로 진수하기로 해서, 철야를 하며 작업을 지원했습니다. 추운 밤 발을 동동 구르며 진수대 옆에서 대기하면서도 문득 저와 동료들이 그 시간을 즐기고 있음을 깨달았습니다. 날이 춥고, 철야를 하더라도 배를 기한 내 완성해야 하는 책임감이 있었고, 기한을 준수했다는 기쁨이 있었습니다.

그 시절, 조선소에서 "할 수 없다"라는 말은 입 밖으로 낼 수 없었습니다. 변명을 금하고 방법을 찾는 태도였습니다. 생산성 목표와 인도 날짜는 반드시 지켜야 하는 지상 과제였습니다. 지금 사회 전반에 그대로 이식되기는 어렵지만, 조선소 내부에는 아직 "할 수 있다"라는 기풍이 남아 있습니다. 우리는 한때 조선업 국가 순위 1위였고, 전 세계 상위 1~5위 조선소가 모두 한국 회사였던 시기도 있었습니다. 지금도 선박 설계는 우리 손으로 모두 직접하고, 배에 들어가는 자재의 90% 이상을 국내에서 생산합니다. 양적, 질적인 측면에서 한국 조선업은 세계 최고 수준이며 그에 대한 자부심이 큽니다.

현대중공업의 시작은 상징적입니다. 세계 최초로 조선소와 배를 동시에 준공했습니다. 옥포에서도 조선소를 지으면서 배를 만들었습니다. 속도전을 추구하다 보니, 배를 다 건조하고 나서 보니까 블록 하나가 남았다는 해프닝도 있었습니다. "관리의 중요성"을 얻은 교훈이었습니다. 지금은 공정·정도 관리 수준이 크게 올라섰습니다.

미국이 우리의 실력을 눈여겨보고 조선업 부흥을 도와달라 요청하는 것도 고무적입니다. 다만 한국 시스템을 그대로 이식하는 일은 어렵습니다. 한국적 맥락이 있었기 때문입니다. 이식 가능한 요소를 선별해야 합니다. 한화오션이 인수한 미국 필리 조선소에 파견된 여러 한국 관리자들이 고민하는 이슈입니다.

과거 한국 조선업이 역량을 축적하는 과정에는 어떠한 한국적 맥락이라는 것이 분명히 존재했습니다. 비수기에도 우리는 공구를 놓지 않았습니다. 일이 없어도 스크랩 철판을 자르고 다시 붙여 나무와 꽃을 만들고, 책상과 캐비닛을 만들며 기술을 연마했습니다. 주문도 받지 못한 '종이배'를 상정하고 설계 사양서를 작성하고 도면을 그렸습니다. 쉬지 않고 실력을 쌓아 올렸고 5S 운동(일본에서 현장 관리기법으로 개발된 것으로, 작업 환경 개선을 위한 '정리Seiri', '정돈Seidon', '청소Seiso', '청결Seiketsu', '습관화Shitsuke'의 다섯 가지 활동을 정착시키는 것을 목표로 한다)을 하고 현장 개선 활동을 퇴근 시간 이후에도 끝없이 했습니다. 지금 기준으로 보면 무리한 요구라고 생각할 수 있지만, 그때의 축적이 오늘의 기반이 된 것은 사실입니다.

한국 조선업의 독보적 생산성의 비결은 위에서 정리한 5가지 요인으로 설명할 수 있으며, 여기에는 한국적 문화, 경험, 맥락이 존재합니다. 특정한 경로를 거치고, 한국 고유의 문화적, 정치·경제적 특성 위에서 한국 조선업은 크게 발전했습니다. 그러므로 이를 해외로 이전하는 것은 단순히 특정 요소를 복사하여 붙이는 수준을 넘어섭니다. 미국 조선소들의 생산성을 끌어올리고 원가를 낮추어 밀린 배들을 얼마나 빨리 생산해 낼 수 있느냐는 질문에 답을 하려면, 한국 조선업에서 무엇을 어떻게 뽑아내어 미국으로 이식할 수 있는지 고민하고 해법을 찾아야 하겠습니다.

II.

네 번의 혁신,
LNG선 시장을 장악한 한국 조선업의 비밀

1장에서는 1980~1990년대 조선업 전반의 성공 스토리를 다뤘습니다. 사원 아파트에 모여 살며 새벽에도 기꺼이 현장으로 뛰어나가던 한국인 특유의 헌신과 공동체 의식. 군대 문화로부터도 영향을 받은 이 '우짜겠노' 하는 한국인의 특성이 조선업 성공의 밑거름이 되었다는 이야기였습니다. 그렇다면 이제 다음 질문으로 넘어가야 합니다. 단순히 열심히 일했다는 것만으로 우리가 세계 1위의 기술력과 생산성을 달성하고, 또 계속 유지할 수 있었을까요?

답은 "아니다"입니다. 이 장에서 말씀드릴 핵심은 바로 '지속적인 제품 혁신'입니다. 우리는 제품 혁신을 주도적으로 추진

했고, 그 혁신을 통해 새로운 시장을 만들어 냈습니다. 경쟁자들을 멀리 뒤로 떨어뜨렸고, 높은 매출과 이익을 창출하는 데 성공했습니다.

제가 조선소에서 일을 시작한 것은 25년 전입니다. 입사 후회사의 전략 기획 문서를 한 부 받았는데, 내용이 인상적이었습니다. "우리는 샌드위치 신세다. 중국이 추격하고 우리 앞에는 일본이 있어서 쉽지 않다"라는 것입니다. 그때도 몇몇 기업들이 원천 기술과 브랜드에서는 선진국에 밀리고, 원가에서는 후발국에 밀린다는 고민을 했지만, 그 문서의 내용은 아주 구체적이었고, 위기감이 가득했습니다. 중국과의 경쟁에 대한 고민은 어제오늘 일이 아니었고, 문서의 작성 일자를 지우면 이게 25년 전 내용인지 요즘 내용인지 구분하기 쉽지 않습니다.

조선업은 이미 25년 전부터 산업의 지속성에 대한 고민을 하고 있었습니다. 인건비 의존도가 높기 때문입니다. 우리의 인건비는 계속 올라가는데, 인건비가 훨씬 싼 중국이 조선업에 본격적으로 뛰어들었습니다. 그런 상황에서 과연 우리에게 미래가 있을까 하는 걱정을 벌써 25년 전부터 해왔습니다. 그래서 그때부터 고민했습니다. 어차피 조선업의 토대를 만들어 여기까지 왔고 국민소득이 1만 달러를 넘어 2만 달러, 3만 달러까지 가게 된다면, 이제는 가장 비싸고 가장 어렵고 가장 돈이 되는 배를 해야 한다는 것입니다. 그게 뭘까요? 바로 LNG 운반선(이하 LNG선)이었습니다.

LNG란, 천연가스를 섭씨 영하 163도로 냉각한 극저온 액체입니다. 기체인 천연가스는 이 온도에서 액체가 되고, 부피가 600분의 1로 줄어들기 때문에 대량 운송에 유리합니다. LNG는 극히 온도가 낮은 특수 화물인데, 전 세계적으로 연간 4억 톤이 거래되고, 우리나라도 연간 5,000만 톤 정도 수입합니다. LNG를 운송하는 특수 화물선이 LNG선입니다. 2025년 현재 전 세계에서 약 750척이 운항 중이며, 3년 내로 1000척 이상으로 확대될 것입니다. 지금 운항 중이거나 건조 중인 LNG선의 4분의 3 이상을 우리 손으로 만들었습니다. 우리 조선업은 전 세계 LNG선 건조 시장의 절대 강자입니다.

한국 조선업이 지금 양적 규모에서는 중국에 밀려 2위이지만, 기술력과 생산성은 여전히 1위입니다. 그중에서도 LNG선 분야는 독보적인 1위이고, 이 지위를 20년 이상 유지하고 있습니다. 이게 어떻게 가능했을까요?

LNG선, K-조선의 활로를 연 혁신의 시작

영하 163도라는 온도가 얼마나 낮은지 아십니까? 금붕어를 거기에 집어넣고 꺼내면 바로 얼어버릴 정도입니다. 상상할 수 없을 정도로 낮은 온도입니다. 이렇게 온도가 매우 낮다 보니 대부분의 구조물은 그 낮은 온도 때문에 강도가 굉장히 약해집니다.

1944년 미국 클리블랜드에서 LNG 탱크 붕괴로 대형 화재가 발생한 일이 있었습니다. 당시는 LNG와 같은 극저온 재료에 대한 공학이 충분히 발달하지 않았습니다. 게다가 새로운 형태와 설계를 적용해 탱크를 만들면서 전쟁 중에 물자가 부족하여 검증되지 않은 니켈 합금으로 탱크를 만들었습니다. 설계와 재료 결함으로 결국 탱크에서 LNG가 조금씩 새어 나왔고, 시간이 지나자 그 차가운 기운으로 인해 탱크의 한쪽 면이 유리병처럼 깨지며 무너졌습니다. 저장된 LNG가 대거 방출되었고, 방호 설비의 둑을 넘어 거리로 LNG가 흘러넘쳤습니다. 그중 일부는 천연가스 기체가 되어 하수구 배관망을 타고 주택가로 흘러 들어가 결국 도시 전체에 큰불이 났습니다. 이 사고는 미국 산업 화재 역사상 가장 많은 인명피해를 낸 사고였습니다. 128명이 사망하고 225명이 부상당했으며 집 79채와 공장 2곳, 차량 200여 대가 파괴되었고, 700여 명의 이재민이 발생했습니다. 이런 일이 벌어지고 나니까 미국에서는 그 이후로 LNG에 대해 굉장히 조심하게 되었습니다. 워낙 큰 사고였으니까요.

그 후 LNG를 대륙 간 운송, 즉 바다를 건너 운송하려는 시도가 몇 번 있었지만, 이 사고의 충격이 워낙 컸기 때문에 조심스레 접근할 수밖에 없었습니다. 1950년대에서 1960년대에 LNG의 대륙 간 운송에 대한 여러 시도가 있었습니다. 1959년 미국에서 처음 개조선의 형태로 만들어져서 미국-영국간 LNG 운송에 성공했습니다. 하지만 규모가 작고 경제성이 부족했습니다. 많은 조선소, 특히 미국 조선소들이 도전했다가 실패하고 망하기도 했습니다. 기술이 정립되지 않았던 것입니다. 이런 상태에서 미국의 어떤 회사가 자신들이 개발한 기술로 가능하다며 조선소에 신개념 LNG선을 여러 대 발주를 했고 조선소가 배를 다 만들었는데, 결국 제대로 작동하지 않는 일도 있었습니다. 결국 운송에 실패하고 그 배들은 폐선됐습니다. 이처럼 LNG는 굉장히 다루기 어려운 화물이었습니다. 그래서 배로 이것을 안전하게 운송한다는 것 자체가 매우 도전적인 일이었습니다.

이후 1960년대 말에 일본이 LNG를 대거 수입하면서 알래스카-일본, 인도네시아-일본 항로에 LNG선이 투입되면서 본격적으로 건조되었습니다. 일본은 최초로 대규모 LNG를 장기 계약을 통해 수입하면서 이 산업의 체계를 만들었습니다. 일본은 알래스카에서 LNG를 1969년부터 최초 수입했지만, 물량이 많지는 않았고 일본-알래스카 항로가 워낙 거칠어 어려움이 많았습니다. 이후 일본은 수입선을 바꿔 동남아와 중동에서 LNG를 대량 수입했습니다. 비록 그때 일본 조선업이 세계 1위였지만, LNG선에 대해서는 검증된 기술을 가지고 있지 않았기에 스웨덴과 프랑스의 기술을 도입했습니다. 그 시기 LNG를 안전하게 운송하는 선박 기술은 스웨덴, 프랑스, 노르웨이 등 유럽 조선소들이 개발했습니다. 일본으로 LNG를 최초 수송한 LNG선 이름이 폴라 알래스카호Polar Alaska인데, 우리에게도 그 이름이 익숙한 스웨덴 말뫼 소재 코쿰스 조선소에서, LNG 화물창은 프랑스 기술을 적용해서 건조한 배였습니다.

1970년대가 되자 LNG 탱크를 어떻게 배에 설치하느냐를 놓고 두 가지 기술이 경쟁하게 됩니다. 이 두 가지 기술은 LNG를 적재하는 화물 탱크의 모양으로 구분합니다. 일반적으로 유명한, 축구공처럼 둥근 구형 탱크를 적재한 방식이 노르웨이의 모스 로젠버그Moss Rosenberg라는 회사의 기술로서 1973년에 세상에 등장합니다. 한편 프랑스의 GTT가 라이선스를 보유하고 있는 기술이 각진 형태의 LNG 탱크를 배 안에 설치하는 방식입니다. 이 기술을 최초 적용하여 건조된 배가 바로 폴라 알래스카호였습니다.

구형 탱크를 사용하는 기술은 이 기술을 개발한 회사 모스

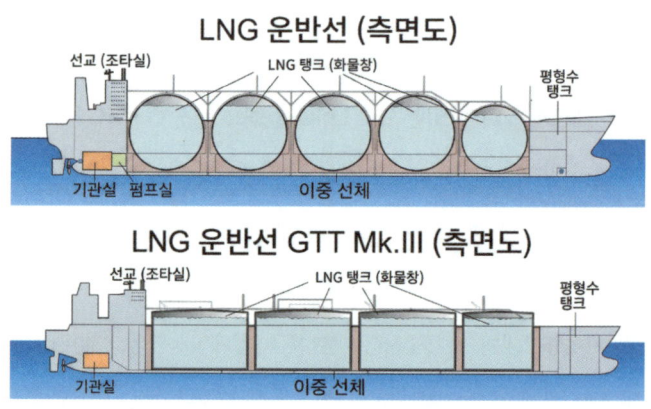

LNG 탱크의 두 가지 형태.

의 이름을 따, 보통 모스Moss형이라고 부르는데, 두께가 30~200 밀리미터 정도의 알루미늄 합금판을 가공해서 만듭니다. 두꺼운 알루미늄 합금판을 이리저리 구부리고 잘라 붙여 둥그렇게 가공하여 지름이 40미터(아파트 15층 높이) 규모의 구형 탱크를 만듭니다. 구라는 형태는 내부 압력을 완벽하게 균등하게 받습니다. 어느 부분도 특별히 약하지 않습니다. LNG는 영하 163도에서 162도만 되어도 기체가 되는데, 이때 부피가 600배로 팽창합니다. 그러면 압력이 갑자기 폭발적으로 세질 수 있습니다. 말 그대로 폭탄처럼 말입니다. 그래서 압력을 가장 잘 견딜 수 있는 모양인 구형 탱크를 적용했습니다. 두꺼운 알루미늄을 이용해 아파트 15층 높이의 구형 탱크 형태로 만드는 것 자체가 굉장히 어렵습니다. 이렇게 만든 탱크에 300밀리미터 두께의 특수 보온재를 시공한 후 배 위에 얹습니다.

이 기술을 모스 로젠버그에서 개발했고, 유럽에서 배를 만들다가 일본으로 전수되었습니다. 모스 로젠버그는 구형 LNG 탱크 기술을 적용하여 1973년에 최초로 노먼 레이디Norman Lady호를 건조했고 이 배는 UAE-일본 노선에 투입되었습니다. 일본은 이때 의도적으로 서로 다른 LNG선 기술을 따로따로 적용해 보고 비교한 후 구형 LNG 탱크 기술을 표준 LNG선 기술로 채택합니다. 1981년부터는 가와사키 조선소 등에서 노르웨이로부터 기술을 도입하여 모스 LNG선을 대량 건조하여 LNG선 시장을 일본이 석권하게 됩니다. 일본 조선업에 밀려 LNG선 기술을 최초 개발한 스웨덴, 프랑스, 노르웨이 조선소들은 기술 라이선스에 주력하고, 건조 자체는 일본으로 다 넘어가게 됩니다. 이미 조선 세계 1위였던 일본이 LNG선 시장에서도 1위를 굳힌 것이 1980년대 중반입니다.

일본은 자국 기업들을 잘 챙기는 나라입니다. 일본이 동남아와 중동에서 LNG를 사는데, 그곳에서 LNG를 생산하는 공장도 일본 EPC 회사(건설회사)가 만들도록 했습니다. 그 공장에서 나오는 LNG도 일본에서 건조한 배로 나르고, 그 LNG을 수입해서 사용하는 것도 일본 에너지 회사들이었습니다. 완전한 일본 체인이 구축된 것입니다. 1990년대가 되면 전 세계 LNG 사용량의 80%를 일본이 차지하게 됩니다. LNG 개발, 생산, 운송, 기화, 사용 등 관련된 모든 것을 일본이 지배했습니다. 일본 스탠더드가 곧 LNG 산업 스탠더드가 된 것입니다.

당시 전 세계에서 일본 말고는 LNG를 수입하는 나라가 별로 없었습니다. 왜냐면 첫째, LNG는 앞서 말씀드린 대로 워낙 다루기가 어려워서 생산 공장에 투자비가 많이 들어가야 합니다. 둘째, 보관이 어려우니 유통을 마음대로 할 수 있는 물건이 아닙니다. 누군가가 이 LNG를 안정적으로 20년에서 25년간 사용하겠다고 장기 계약을 약속해야 합니다. 그런데 국가 신용등급이 부도 직전인 나라가 약속한들 믿을 수가 없지 않습니까? 국가적으로 신용도가 있고, 에너지 수요가 많고, 여러 조건이 맞는 나라는 그때 일본밖에 없었습니다. 그래서 일본이 LNG 산업을 만들고, 모스 기술을 가지고 LNG선 건조 시장을 독점했습니다. 일본이 연간 수십조 원 규모의 LNG 산업 생태계를 만들고 지배했습니다.

1960년대 유럽 국가들이 LNG를 소량 수입하였었기에 유럽 조선소들이 원천 기술을 가지고 있었던 것입니다. 하지만 거대한 규모의 LNG 산업 생태계를 만든 일본에 밀려, 일본이 채택한 모스 기술을 제외하면 소위 말하는 니치niche 기술로 명맥만 유지하게 되었습니다. 그렇다면 우리나라는 어떻게 이 시장에 들어갔을까요? 우리는 완전한 후발주자였습니다. 1980년대에 한국전력이 "우리도 LNG를 도입해서 도시가스를 공급하고 발전을 하자" 하고 처음 계획을 세웁니다.

그 이유는 이렇습니다. 천연가스는 유전에서 기름을 캘 때 부산물로 나오다 보니 가격이라는 게 사실상 없었습니다. 그냥 태워버렸기 때문입니다. 그러니까 협상을 잘하면 굉장히 싸게 살 수 있었고, 석유 가격이 크게 변동할 때 상대적으로 가격 변동을 줄일 수 있었습니다.

실제로 일본이 1차, 2차 오일쇼크를 겪으면서도 세계적인 경제 대국이 된 이유 중 하나가 바로 에너지의 상당 부분을 LNG 에 의존했기 때문입니다. 다른 나라, 특히 유럽이 그때 석유 가격에 노출되어 경제가 엄청나게 어려웠을 때, 일본은 자국 에너지 수요의 상당 부분을 LNG로 충당했습니다. LNG는 국제 석유 가격이 폭등해도 어느 정도 가격이 보호되었습니다. 석유가 비싸다고 해서 LNG를 석유 시장에 팔 수 있는 것은 아니었으니까요.

일본이 구축한 생태계에 도전장을 내밀다

우리나라도 1, 2차 오일쇼크를 겪고 나서 에너지 안보의 중요성을 절감했습니다. 그래서 1981년에 LNG 도입을 결정했고, 그러

자 일본에서 바로 반응이 왔습니다. 당시 우리는 LNG 관련 기술이 없고 경험이 부족했습니다. 당연히 모든 것을 일본 기준으로 하라고 했고, 그게 합리적인 것처럼 보였습니다. 실제로 LNG 설비, 안전 기술 등 온갖 것을 일본 기준으로 가져왔고, 일본의 도움도 많이 받았습니다. 도쿄가스東京ガス, 오사카가스大阪ガス 등의 도움을 받았습니다. 1983년에 한국가스공사가 설립되었고, 1986년 10월에 평택 인수기지에 첫 물량이 수입되었습니다. 이때까지는 노르웨이에서 1975년에 건조된 모스 LNG선을 이용했습니다. 하지만 얼마 지나지 않아 우리 스스로 만든 LNG선을 반드시 확보해야 한다는 의견들이 비등해집니다.

당시 상공부(현 산업통상자원부)는 이렇게 생각했습니다. "결국 이 LNG선을 우리도 해야 한다. 그러지 못하면 우리 조선업에 미래는 없다. 그러려면 처음에 누군가는 발주를 해야 조선소에 건조 실적이 생기고, 그 실적이 있어야 외국에도 팔 수 있지 않은가." 그래서 우리 조선업체가 이 배를 지금까지 한 번도 만든 적이 없고, 기술자도 없고, 충분한 준비도 안 되어 있었지만 발주하겠다는 소위 'LNG 국적선 건조 계획'을 1990년에 확정합니다.

굉장한 용단이었습니다. 정말 중요한 의사결정을 한 것이지요. 전략적으로 미래에 한국 조선업체가 LNG선 시장에 들어갈 수 있도록, 당장은 준비가 안 되어 있지만 무조건 한국 회사에 LNG선을 발주한다는 결정이었습니다. 사실 현대중공업을 위시한 국내 조선업체들은 일본이 LNG선을 자국에서 건조할 때부터 이 시장을 눈여겨보았고, 어떻게든 들어가 보려고 시도했지만, 안정적으로 시장을 독점하고 있던 일본 3대 조선소(미쓰비시, 가와사키, 미쓰이)의 벽은 높았습니다. LNG를 수입하는 회사들이 결국 LNG선 입찰을 진행하는데, 전 세계 LNG 시장을 장악한 일본 에너지 기업들은 검증된 실적을 요구했으며, 노골적으로 자국 조선업체들을 밀었기 때문에 기회가 없었습니다. 이 장벽을 어떻게든 뛰어넘어야 했습니다.

어떻게 했을까요? LNG를 사 올 때 계약에서 정하는 LNG 운송 방법에는 두 가지 옵션이 있습니다. 하나는 판매자가 알아서 갖다주는 것이고, 다른 하나는 구매자가 알아서 가져오는 것입니다. 개도국 입장에서 LNG에 대해 잘 모르는데 판매자가 그냥 갖다주면 제일 좋고 속 편할 것입니다. 그런데 우리는 군이 우리가 가져오는 방식을 택했습니다. "우리가 너희 수출항에서 알아서 배를 대서 가져갈 테니 그렇게 하자"라고 한 것입니다.

말이 많았습니다. 국내 업체들의 의욕은 대단했지만, 주변에서 걱정들이 많았습니다. "배가 제대로 나오겠느냐?", "너무 무모한 거 아니냐?" 하는 반응이 많았습니다. 하지만 정부는 결국 거시적인 관점에서 의사결정을 했습니다. 돌이켜 보면 대단히 중요한 판단이었습니다. 현재 전 세계를 돌아다니는 LNG선이 750척 정도 되는데, 그중 우리가 500척 이상을 만들었습니다. 척당 가격을 2억 달러에서 2억 5,000만 달러로 잡으면 1,000억 달러가 넘는 금액입니다. 1990년에 내렸던 의사결정이 1,000억 달러 이상 규모의 시장을 우리에게 안겨준 것입니다.

놀라운 선견지명이었지만, 한국은 거기서 한발 더 나아갔었습니다. 일본은 이런 비슷한 상황에서 으레 통산성 같은 곳에서 '조組'를 짭니다. 반도체 개발조든 LNG선 개발조든 조를 짜서 그 조합에 업체들을 다 불러 모읍니다. 그리고 업체들에게 정부가 일을 몰아 줍니다. 그러면 각 업체마다 수익을 고루 낼 수 있도록 적당히 일이 분배됩니다. 정부가 가격과 납기를 정해주면 업체들이 알아서 조율해서 물건을 완성합니다. 이러면 각 업체가 지는 위험 부담이 작습니다. 무리한 도전을 할 필요 없이, 맡은 일을 착실하게 하기만 하면 자기 몫이 떨어집니다.

그런데 이 방법에는 몇 가지 단점이 있습니다. 첫 번째는 그 다음으로 발전하기가 어렵다는 것입니다. 어느 한 조선소도 전체 공정을 모릅니다. 나눠서 작업하기 때문입니다. 두 번째는 경쟁 체제로 가기 어려워집니다. 정부가 짜준 틀 안에서 적당히 이익을 내는 편한 길이 있기 때문입니다. 그러니까 겉으로는 경쟁한다고 하지만, 뒤로는 조용히 협의하여 이번 입찰에는 한쪽이 300억으로 쓰고 다른 쪽이 290억으로 써서 수주하되, 다음에는 순서를 바꾸자는 식으로 담합을 하게 됩니다.

일본은 1980년대 이후 많은 산업이 이런 식으로 좋게 말해 공존, 냉정히 말해 담합 구조를 유지해 왔습니다. 최근까지 일본 자위대의 군함 건조도 일본의 양대 조선소 두 곳이 10년 동안 그런 식으로 나눠 먹었고, 정도가 너무 심해서 일본 정부가 정식으로 고발하는 일도 있었습니다.

반면 우리나라는 처음부터 무조건 경쟁이었습니다. LNG선도 똑같았습니다. 가스공사는 LNG선을 발주하면서 경쟁을 붙였습니다. 입찰의 본질은 LNG를 20년간 인도네시아에서 한국으로 운송하는 운송권을 어느 해운사에 주느냐는 것이었는데, 국내 해운사로 조건을 한정했고, 해운사는 반드시 한국 조선업체에게서 배를 확보해야 했습니다. 국내 해운사와 국내 조선업체라는 조건만 주었을 뿐 누가 어떻게 팀을 짜는지는 완전한 공개 경쟁이었습니다. 즉, 한국 업체가 실적이 없음에도 기회를 주기는 하지만, 나눠 먹기는 철저히 방지했습니다. 국가 경제를 생각해서 LNG선 건조 물량을 국내 업체에게 준다는 것까지는 누구나 생각할 수 있는데, 정말 무서운 것은 그런 상황에서도 국내 업체 간의 치열한 경쟁을 정부가 요구했다는 점입니다.

그래서 경쟁이 붙었습니다. 현대중공업, 대우조선, 그 당시 한진중공업, 삼성중공업 등 여러 회사가 다 뛰어들었습니다. 왜냐하면 그때 LNG선은 옛날이나 지금이나 가격이 미국 달러 기준으로 별로 달라지지 않았습니다. 오히려 옛날에 더 비쌌지요. 비쌀 때는 이 배 한 척이 2억 8,000만 달러까지 했는데, 30만 톤급 유조선 네 척 가격이었습니다. 그때 조선소 1년 매출이 이 배 한 척 반, 두 척밖에 안 될 정도였습니다. 정말로 엄청나게 비싼 배였습니다.

그 당시 한국 조선소들 입장에서 이 사업의 중요성은 너무나 명확했습니다. 지금 한국이 1년에 LNG를 거의 5,000만 톤 쓰는데, 여기에 필요한 LNG선이 50척 정도 됩니다. 1년 내내 왔다 갔다 해야 하니까요. LNG 수입을 시작한 지 얼마 안 된 1990년대 초반에 가스공사가 국적 LNG선을 두 척 발주해도 이것이 두 척으로 끝나지 않는다는 게 너무나 명확했습니다. 앞으로 계속 나올 것이 분명했습니다. 무조건 따야 하는 것이었습니다.

죽자 살자 경쟁이 붙었습니다. 1990년에 진행된 1차 발주 두 척을 따내기 위한 경쟁에서는 현대중공업이 압도적으로 유리했습니다. 현대중공업은 앞서 말한 둥근 탱크를 넣는 노르웨이 기술, 일본에서 표준화한 모스 방식의 라이선스를 노르웨이에서 사 왔기 때문입니다. 그러면서 한국에서는 현대중공업이 이 기술을 독점 사용한다는 계약을 체결했습니다. 그리고 현대는 독점을 풀어줄 생각이 없었습니다. 그럴 만한 이유도 있었습니다. 모스 탱크를 만드는 설비가 굉장히 비쌌기 때문입니다. 우리나라는 그때까지 그런 대형 알루미늄 판재를 가공하는 설비가 없었기 때문에 현대는 거액을 투자해 설비를 구축했습니다. 그래서 경쟁사들이 진입하지 못하게 독점 라이선스 계약을 체결했지만, 투자비를 회수하려면 더 많은 LNG선을 수주해야만 했습니다. 자국 물량은 따내더라도, 해외 수주에서는 다시 일본의 선도 업체들과 경쟁해야 했고, 쉽지 않은 경쟁이었습니다.

LNG선에 들어가는 자재 대부분을 수입해야 하는 어려움도 있었습니다. LNG선은 굉장히 독특한 배입니다. 유조선이나 철광석 운반선, 컨테이너 운반선은 배가 왔다 갔다 하는 데 필요한 연료를 따로 싣습니다. 너무 당연한 일입니다. 그런데 LNG선은 적재한 LNG로 배를 움직입니다. 비유하자면 LNG 화물 탱크에 호스를 꽂아서 거기서 소량의 LNG를 가져와 엔진을 돌리는 방식입니다.

왜 LNG선은 이렇게 하는 걸까요? 스테인리스 보온병을 생각해 보겠습니다. 보온병에 팔팔 끓는 물을 넣어도 시간이 지나면 물이 점차 식는 것처럼, LNG를 아무리 성능이 뛰어난 특수 탱크에 보관해도 외부 열이 조금씩 침투해서 온도가 올라갑니다.

LNG는 섭씨 영하 163도라는 극저온 상태를 유지해야 합니다. 조금이라도 온도가 올라가면 액체 LNG의 일부가 기체로 변하는데, 이때 부피가 600배 커집니다. 이렇게 외부에서 유입되는 열로 인해 자연적으로 기화된 천연가스를 BOG_{Boil Off Gas}(증발가스)라고 합니다.

하루에 얼마나 많은 LNG가 기체로 변할까요? 이를 나타내는 지표가 BOR_{Boil Off Rate}(증발률)입니다. 초기 LNG선의 BOR은

0.15%/일 수준이었습니다. 13만 5,000세제곱미터 분량의 LNG를 싣고 출발하면, 하루에 약 200세제곱미터가 기체로 변한다는 의미입니다.

이 BOG를 그냥 두면 어떻게 될까요? 탱크 내부 압력이 계속 올라가 결국 탱크가 터질 수 있습니다. 그래서 LNG선에는 이 BOG를 처리하는 시스템이 반드시 필요합니다. 영하 163도의 LNG를 보관할 수 있는 특수 탱크, 탱크에 적재한 LNG에서 발생하는 BOG를 처리하는 화물 처리 시스템이 LNG선의 핵심 기술입니다.

BOG를 그냥 놔두면 압력이 너무 올라와서 탱크의 안전밸브가 터집니다. 방법은 두 가지입니다. 이 기체를 버리든지, 아니면 활용하든지. 망망대해 한가운데 배에서 처리할 방법을 고민하다가 처음에는 그냥 태워버렸습니다. 그러다가 누군가 기발한 아이디어를 냈습니다. "그걸 태워서 증기를 만들어 그것으로 배를 돌리면 되지 않을까?"

최초로 LNG를 대양에서 수송한 배는 1959년 건조한 메탄 파이어니어Methane Pioneer호였는데, 이 배는 디젤 엔진으로 선박을 구동하여 아까운 BOG를 그냥 대기 중에 방출했습니다. 이후

1964년에 영국에서 건조된 메탄 프린세스Methane Princess호부터 화물창에서 발생하는 BOG를 보일러에서 태워 스팀을 만들고, 스팀터빈을 돌려 선박을 추진시키는 방법이 적용되었습니다. 1973년부터 시장에 등장한 모스 LNG선 역시 보일러와 스팀터빈을 달아서 BOG를 태워 증기를 만들고, 그것으로 배를 운항했습니다. 1981년 이후 LNG선 건조 시장을 일본 3사가 장악한 이후 여기에 필요한 선박용 스팀터빈 역시 일본의 가와사키와 미쓰비시가 양분했습니다.

우리 입장에서는 LNG선을 만드는데 엔진도 수입해야 하고, 탱크 기술 라이선스도 수입해야 하고, 탱크 만드는 특수한 여러 기계도 다 수입해야 했습니다. 참으로 많이 수입에 의존했습니다. 처음에는 어쩔 수 없었습니다. 우리로서는 LNG를 다뤄본 경험이 절대적으로 부족하고 BOG를 연료로 사용하는, 특수한 스팀터빈에 대한 경험도 많이 부족했기 때문입니다. 반대로 생각하면 국산화를 얼마나 할 수 있느냐에 따라 수익성은 올라갈 수 있었습니다. 초창기에는 특정 기자재의 수입 단가에 따라 LNG선 수익성이 좌우되기도 했습니다. 엄청나게 비싼 LNG선에 회사 사활을 걸었지만 자칫 큰 손해가 날 수 있었고, 그런 위험에도 불구하고 우리 조선소들은 사생결단으로 매달렸습니다.

그런데 1990년 1차 입찰 두 척은 현대중공업이 다 가져갔고, 대우조선과 한진중공업은 노르웨이 기술(모스)이 막히니까 어쩔 수 없이 프랑스로 갔습니다. 프랑스에는 그때 LNG 화물창 기술을 가진 회사가 두 곳 있었습니다. 가스 트랜스포즈Gaz Transport와 테크닉 가스Technigaz였습니다. 이름이 비슷한데, 각각 쉽게 말하면 각진 철 구조물 안에 보온재를 붙이고, 영하 163도에서도 강성을 유지하는 얇은 특수 철판을 붙이는 기술을 갖고 있었습니다. 니켈 합금 종류인 인바Invar라는 특수한 소재를 사용하는 소위 '멤브레인Membrane LNG 탱크'라는 기술이었습니다. 두 회사의 기술이 약간 다르지만 본질은 같았습니다.

대우조선, 한진중공업, 삼성중공업이 모두 그곳에 가서 라이선스 계약을 맺었습니다. 그런데 대우조선이 생각해 보니 1992년 2차 입찰 두 척도 판이 이대로 흘러가면 현대가 다 휩쓸 것 같았습니다. 어떻게 했을까요? 한진중공업과 연합했습니다. "우리 각자의 힘으로는 이렇게 제한된 시간과 제한된 예산으로는 사람을 양성해서 이 배를 못 만든다. 일을 같이 하자. 배 한 척을 나눠서 하자" 하는 제안에 한진이 동의했고, 2차 입찰 두 척

중 한 척은 한진-대우 팀이 수주했습니다.

　이것이 굉장히 중요한 결정이었습니다. 생각해 보면 당시에 이미 일본이 정한, 시장에서 표준화된 LNG선이 있었습니다. 모스 방식 배입니다. 그 시기 건조되는 LNG선은 모두 이 기술을 적용했습니다. 반면 멤브레인 방식 LNG선은 시장에서 신뢰를 잃은 상태로 1984년 이후 단 한 척도 신규 발주되지 못한 상태였습니다. 1969년과 1978년에 멤브레인 방식 LNG선은 LNG 탱크 내부 자재가 운항 중 뜯어지는 치명적인 사고가 발생했습니다. 특히 1978년의 경우 보험사는 무려 3억 달러의 손실을 입었고, 이는 그때까지 해상 보험 역사상 최대 규모의 손실이었습니다. 이후 프랑스 조선소들만 명맥을 유지했고, 그나마 1984년 이후에는 전 세계에서 건조 실적이 단 한 척도 없던 것이 멤브레인 방식 LNG선이었습니다.

　그런데 우리나라 1위 조선소도 아닌 대우조선이 여기에 도전한 것입니다. 그 당시 대우조선은 재정적으로 매우 어려워 정부의 지원에 의지한 상태였고 LNG선 건조 준비가 늦었습니다. 혼자서는 국적 LNG선 건조 입찰 자격도 확보할 수 없었습니다. 한진중공업은 그룹 계열사인 한진해운과 한 팀을 구성했고, 재정 상태도 좋았습니다. 하지만 한진중공업의 부산 영도 조선소는 너무 협소해서 대형 LNG선을 만들기에는 경쟁력이 없었습니다. 영도 조선소에서 지름 40미터 규모의 모스 탱크를 건조하는 건 불가능해서, 한진은 진즉부터 멤브레인 기술을 도입하고 준비했지만, 혼자서는 역부족이었습니다.

이런 사정으로 대우와 한진은 손을 잡았습니다. 형식적으로는 한진이 수주하지만, 실제 건조 과정에서는 대우와 한진이 공동으로 하는 방식이었습니다. 사실 지금 생각해도 너무 무리수가 많아 보이는 시도였습니다. 재정 상황이 열악한 회사와 조선소가 너무 비좁은 회사가 손을 잡고, 시장에서 비주류인 기술을 갖고 와서 "내가 LNG선을 공급하겠습니다"라고 하면, 가스공사 구매 담당자 입장에서 어떻겠습니까? "이런 위험한 짓을 해야 할까?" 생각할 수 있습니다. 그런데 했습니다. 가격이 쌌고, 기왕 우리 국적 LNG선을 만들 거면 다양한 기술을 확보해야 한다는 이유 때문이었습니다. 일본이 건조기술, 기자재, 운항과 건조 실적을 이미 완전히 장악하고 있는 모스 방식 배만 만들어서는 향후 국제 LNG선 시장에서 한국의 미래는 어두우리라 여겼습니다. 또한 국내에서도 현대중공업이 이 시장을 독점하면 일본을 이길 수 있는 경쟁력을 확보하기 어려울 거라 판단했습니다. 비록 가스공사 차원에서는 위험이 있었지만, 크고 길게 생각했습니다. 하지만 쉬운 결정은 아니었습니다.

가스공사 차원에서도 타당한 이유가 있어야 했고, 한진-대우 팀이 명분을 제공했습니다. "모스형 LNG선은 안전성이 우수하지만, 약점이 있습니다. 배는 직선인데 탱크는 둥그렇지 않습니까? 공간 손실이 많습니다." 멤브레인 방식의 LNG선은 가격과 나머지 성능이 비슷한 모스형 LNG선에 비해서 용적량이 좀 더 많다는 장점이 있었습니다. 그 점을 어필한 것입니다. "같은 값이면 여기에 LNG가 더 들어갑니다. 약 7% 더 들어갑니다." 7%가 우습게 보이지만 이것이 10년, 20년 계속 누적으로 왔다 갔다 하는 것을 고려하면 돈을 많이 아낍니다. 말이 됩니다. 그래서 "그래, 너도 해봐" 하며 그쪽에도 배를 발주했습니다.

이렇게 해서 국적 LNG선이 1990년 이후 지속적으로 발주되어 여러 척 만들어지게 됩니다. 첫 번째 배, 한국 최초의 LNG선은 1994년 현대중공업이 건조한 현대 유토피아호였습니다. 이 배는 12만 5,000세제곱미터의 LNG를 실을 수 있었습니다. 그리고 3년 후인 1997년, 대우-한진 연합이 만든 한진평택호는 같은

한국 최초의 LNG선인 현대 유토피아호.

멤브레인형 화물창이 장착된 최초의 국산 LNG선 한진평택호.

가격에 13만 5,000세제곱미터를 실을 수 있었습니다. 1만 세제곱미터, 약 7% 더 많은 용량이었습니다. 초기에 끼어든 멤브레인 LNG선 한 척, 이것이 나중에 가서는 조선업에 엄청난 영향을 주게 됩니다. 지금 돌아다니는 750척의 LNG선 중에서 네모나고 각진 탱크의 멤브레인 LNG선이 84%이기 때문입니다. 화물 7% 더 들어가는 것이 그렇게 큰 차이를 만들어 결국 완전히 시장이 역전된 것입니다.

천재일우의 기회, 원가 파괴로 움켜쥐다

국적 LNG선으로 이렇게 한바탕 치열한 경쟁을 하고 난 다음, 우리나라에 기회가 옵니다. 이 기회가 무엇이었는지 살펴보기 위해서는 1990년대 후반기 전 세계 LNG 시장 상황을 알아야 합니다. 그 당시 일본이 동남아에서 주로 LNG를 수입해 쓰고 있었는데, LNG의 가장 큰 장점은 매연이 없다는 것입니다. 매연이 없고 석유에 비해 상대적으로 싸서 사용량이 세계적으로 늘어날 기미가 보였습니다. 유럽은 그때까지 알제리에서 생산된 LNG를 주로 수입했는데, 수요가 늘어나자 새로운 LNG 공급처가 필요해졌습니다. 또한 인도와 미국이 새롭게 LNG를 수입하는 국가로 부상하게 되어 이를 겨냥한 신규 LNG 프로젝트들이 중동과 대서양 연안 지역에서 추진되었습니다.

이전에는 일본 에너지 회사들이 LNG 수입을 주도해서 소위 일본 스탠더드가 시장을 장악했지만, 이들 신규 LNG 프로젝트들은 미국과 유럽의 에너지 회사들이 주도했습니다. 이들의 고민은 기존 모스 방식 LNG선이 너무 비싸다는 데 있었습니다. 특히 미국의 경우 수입 LNG는 국내 천연가스와 지속적으로 경쟁을 하는 구조여서 원가가 매우 중요했습니다. 그런데 LNG선을 공급하는 일본 조선소들은 가격을 높게 유지했고, 선박의 기술 사양을 주문주의 요청대로 조정하는 데도 부정적이었습니다. 자신들이 석권한 모스 방식 LNG선의 품질에 자신이 있었고, 경쟁자가 없었기 때문입니다. 이 시기 일본이 공급하는 LNG선 가격은 척당 2.5억 달러 수준이었는데, 항로가 길어지면서 에너지 회사들에게 큰 부담으로 작용하게 됩니다. LNG를 생산하는 액화 플랜트의 공사 비용은 여러 기술 혁신으로 낮아졌지만, 여기서 생산되는 LNG를 수송하는 데 필요한 LNG선 건조 비용은 전혀 떨어지지 않았습니다. LNG선이 비싸서 LNG 프로젝트를 못 할

지경이 된 것입니다.

대서양 연안 LNG 프로젝트들의 고민은 또 있었습니다. 이 프로젝트들에 투입되는 LNG선은 동남아-일본 노선보다 더 길고 거친 바다를 항해해야 했습니다. 그런데 일본이 표준화한 기술 방식, 즉 모스와 스팀터빈 방식은 특정 길이의 항로에 적합했습니다. 항로가 더 길어지면 문제가 생깁니다. 화물창에서 발생하는 BOG의 양이 시간의 경과에 따라 점차 줄어들기 때문입니다. 양이 천천히 줄어들다가 어느 순간이 되면 배를 충분히 기동할 만한 에너지를 밑돌게 됩니다. LNG선의 특징 중 하나입니다. 탱크의 크기, 탱크에서 발생하는 BOG 양, 엔진이 사용하는 연료의 양이 절묘한 균형을 유지해야 연료 손실 없이 항해할 수 있습니다. 그런데 항해가 길어지면 자연발생하는 BOG로는 부족해, 화물인 LNG를 일부러 더 기화시키거나 디젤유 같은 별도의 연료를 태워 스팀을 공급해야 했습니다.

그러니까 대서양 연안에서 배를 운행하려면 기존 모스 LNG선의 사양을 바꿔야 했습니다. 탱크 용량을 더 키워서 BOG를 더 많이 확보하거나 추가 연료를 더 많이 투입해야 했습니다. 안 그래도 모스 LNG선이 비싸서 고민이었는데, 운항비용도 높아지게 된 것이었습니다. 일본 조선업체들은 딱딱했고 사양 변경에 추가 비용을 요구했습니다. 모스 탱크 제작 과정이 워낙 복잡해서 탱크를 좀 더 크게 만든다는 추가 시설 투자가 필요하고 기술적으로도 어려웠기 때문입니다. 그래서 신규 LNG 프로젝트를 추진하는 유럽과 미국 에너지 회사들로부터 "LNG선이 꼭 모스형밖에 없느냐? 같은 값에 연료를 좀 더 많이 싣는 배는 없느냐? LNG선 구입 비용과 운항비를 낮추지 않으면 사업 자체가 어렵겠다"라는 목소리가 나왔습니다.

유럽과 미국계 에너지 업체들은 LNG선의 기술과 안전성만 담보된다면 실적이 좋은 일본 조선업체들을 고집할 생각이 없었지만, 멤브레인 LNG선을 발주하는 건 큰 부담이었습니다. 이때 가스공사가 발주한 국적 멤브레인 LNG선인 한진평택호가 취역하게 된 것이었습니다. 한진팽택호의 실적을 보고 미국계 에너지 기업인 엔론Enron이 LNG선을 한 척 대우조선에 발주한 게 1997년이었습니다. 1997년은 조선업계뿐만 아니라 세계 역사에서도 중요한 해였습니다. 우리에게는 통칭 IMF 외환위기라고 잘 알려진 아시아 경제위기가 이때 발생했습니다. 그때까지 LNG 수요의 80% 이상을 차지하던 일본과 아시아 경제가 큰 어려움에 처하게 되었고, 이들 국가를 겨냥했던 LNG 수입 프로젝트들도 줄줄이 취소되거나 연기되었습니다. 그러자 유럽과 미국 시장을 겨냥한 대서양 지역 대형 LNG 프로젝트들이 아주 중요해졌고, 10개 이상의 전 세계 조선소들이 치열하게 경쟁했습니다. 누가 유럽과 미국 에너지 회사들의 선택을 받아 고가의 LNG선을 공급하게 되었을까요?

이 천재일우의 중요한 기회를 앞서 말씀드렸던, 국적선을 처음 만들 때 멤브레인 LNG선을 공급했던 회사들이 잡았습니다. 일본은 그런 배를 아예 만들지 않았습니다. 현대중공업도 모스형 선박만 만들었습니다. 그런데 모스형은 가격을 낮추는 데 한계가 있고, 용량을 키우는 데도 한계가 있습니다. 큰 구형 탱크이기 때문입니다. 탱크를 하나 더 늘리든지 탱크를 키워야 하는데, 이것은 보통 일이 아닙니다. 구형 탱크를 만들기 위한 설비가 다 정해져 있기 때문입니다. 탱크 크기를 키우려면 아예 설비를 새로 구비해야 합니다. 그런데 멤브레인 탱크는 배를 그냥 키우면 됩니다. 그리고 배의 크기에 따라 유연하게 탱크를 만들 수 있습니다. 빈 공간도 없어서 가성비도 좋습니다.

다만 한 가지, 옛날에 발생했던 여러 사건들 때문에 안전에 대한 의문이 있었습니다. 이에 우리나라 조선업체는 안전하다는 입증만 된다면 엄청난 시장이 열릴 것이라는 생각을 하게 되었습니다. 그래서 연구 개발에 매진해서 안전성을 입증하기 위해 대학과 연구소들까지 지원하여 다양한 실험을 진행했습니다. 이를 통해 멤브레인 LNG선은 안전하고, 우리는 할 수 있다는 자신감을 얻었습니다.

물론 일본 또한 만만히 볼 경쟁 상대는 아니었습니다. 사실 일본 업체들이 마음먹고 가격을 낮추면 얼마든지 경쟁 조선소들을 고사시킬 수 있었습니다. 그때 우리 업계가 어떤 고민을 했느냐 하면, LNG선이 그때 척당 약 2억 5,000만 달러 정도였는데, 국제 입찰이 여러 개 떴습니다. 일본이 겉으로는 가격을 절대 안 낮춘다고 하지만, 2억 2,000만 달러까지는 낮출 걸로 우리 업계 사람들이 판단했습니다. "그럼 우리는 얼마에 들어가야 할까?" 과감하게 1억 7,000만 달러로 목표를 잡았습니다. 압도적으로 원가를 파괴해야 한다. 확실하게 일본을 여기서 눌러버려야 승기를 잡고, 이 기술, 이 멤브레인 LNG 모델이 앞으로 번창할 거라 봤습니다.

원가 파괴를 위해 LNG선 대량 건조를 염두에 두고 핵심 기자재를 국산화하거나 대량으로 해외 업체에 미리 발주한 게 주효했습니다. 멤브레인 LNG선의 핵심은 극저온 보온상태를 유지할 수 있는 LNG 탱크의 화물창입니다. 이 화물창은 그 당시만 해도 핀란드산 자작나무와 펄라이트라는 화산재 소재의 보온재를 이용했습니다. 보온재를 선체 내부에 두 겹으로 설치하고 그 위에 두께가 1밀리미터도 안 되는 극히 얇은 특수 합금을 벽지 바르듯 부착했습니다. 여기에 들어가는 자재와 원재료는 모두 수입산이었습니다.

한국 조선소들은 원재료 공급처들을 찾아가 협상했습니다. 어차피 일본은 모스 LNG선만 만드니, 원재료 공급처들이 특수 자재를 팔 고객은 한정되어 있었습니다. 1984년 이후 멤브레인 LNG선은 10년간 전 세계에서 단 한 척도 건조되지 못했고, 프랑스에서 1994년부터 4년간 다섯 척을 새로 건조했지만, 그게 끝이었습니다. 1997년부터는 한진평택호를 시작으로 한국 조선소들만 멤브레인 LNG선을 건조했습니다. 한국 조선소들은 멤브레인 LNG선의 특수 자재를 생산하는 원재료 업체들에게 대량 주문을 약속했고, 안정된 구매를 보장했습니다. 조건은 고정 가격과 독점 공급이었습니다. 계약은 성사되었고, 원재료를 싸게 가져와서 한국에서 직접 이를 가공하여 반제품을 만들었습니다. LNG선을 한두 척 만들고 만다면 반제품을 수입하는 것이 낫겠지만, 큰 시장이 생길 거라고 믿고 아예 가공 공장을 조선소 인근에 새로 지었습니다. 지금 생각하면 실로 대단한 배짱입니다.

그때까지 한국에서 만든 멤브레인 LNG선이라고는 오직 한 척뿐이었습니다. 딱 한 척 LNG선을 건조해 본 주제에 원자재 업체를 다 찾아다니며 LNG선에 들어가는 특수 자재를 독점적으로 공급받는 대신 50척 분량을 사겠다고 제안했습니다.

이 배짱 장사는 결과적으로 큰 성공을 거뒀습니다. 낮은 가격으로 화물창 원재료를 가져와 대부분 우리가 직접 가공하니 재료비를 대폭 낮출 수 있었습니다. 더 좋은 것은 핵심 자재의 공급 일정을 직접 통제하고, 가공 과정에서 LNG선 건조 생산성을 높이는 각종 방법을 고안해 낼 수 있었다는 점입니다. 이 과정에서 기존에 프랑스에서 도입했던 LNG선 화물창 설치용 특수 기계도 모조리 개조, 개량했습니다.

일본 기자재 업체들도 우리가 이 시기 대서양 지역 LNG선을 석권하는 데 일조했습니다. 그 당시 LNG선은 스팀터빈을 엔진으로 사용했습니다. 기화되는 소량의 천연가스를 보일러에서 태워서 물을 끓여 스팀터빈으로 스크류를 돌리는 방식입니다. 이 LNG선용 스팀터빈은 일본 미쓰비시와 가와사키가 시장을 장악하고 있었습니다. 미쓰비시에 밀려 고전하던 가와사키는 한국 조선소들과 장기 공급 계약을 체결했습니다. 낮은 가격으로 터빈을 공급하는 대신 향후 수십 척의 LNG선에 가와사키 제품만 쓰는 조건이었습니다. 이렇게 화물창 자재와 스팀터빈에서 원가를 대폭 낮추었습니다. 여기에 LNG 화물 관리 시스템도 정부의 지원으로 기술 개발하여 국산화했습니다. LNG선을 구성하는 값비싼 기자재들을 차례대로 공략하여 원가를 크게 절감했고, 그 결과 배 값을 대폭 낮출 수 있었습니다. 덕분에 LNG선 주문을 한국에서 싹 쓸어 갔고, 일본에서는 난리가 났습니다. 덤핑이라는 말까지 나왔습니다. 실제로 선가를 40% 이상 낮춘 것이기 때문에 그런 반응도 나올 법했습니다. 그럼에도 불구하고 우리 조선소들은 최대 40% 이상의 영업이익을 냈습니다. IMF 환율 효과와 획기적인 원가 절감 노력이 결합된 결과였습니다.

우리 업계의 혁신으로 인해 LNG선 한 척의 가격이 2억 달러 이하로 떨어지자, 그 전에는 경제성이 없던 LNG 프로젝트들이 경제성을 확보할 수 있게 되었습니다. 새로운 프로젝트들이

LNG선을 대거 발주하고, 대량 건조로 원가가 낮아졌습니다. 낮아진 LNG선 가격으로 인해 경제성을 확보한 프로젝트들이 새롭게 추진되는 선순환 효과가 생기면서 LNG 산업과 LNG선 시장이 급격하게 커졌습니다.

사실 계획대로 안 되면 그냥 쫄딱 망하게 되는 무모한 도전이기도 했습니다. 그런 혁신을 1995년부터 5년 동안 집중적으로 해치운 것입니다. 지금은 이게 신화가 되었지만, 이런 계획을 일반적인 회사 경영진이라면 승인했을까요? 못 했을 것입니다. 너무 위험했기 때문입니다. 사실 이 시기 회사 경영진 승인도 안 받고 실무진들이 일단 저지른 경우도 많았습니다.

이것이 길이라고 믿었으니까요. 엔지니어들에게는 간단한 논리였습니다. "배가 2억 5,000만 달러라고 하는데, 내가 보니까 원가 100달러짜리 합판 조각을 우리가 500달러에 사 와서 붙이고 있다. 원재료를 100달러에 사 와서 조선소 옆에서 바로 가공을 하면 150달러면 만들 수 있다. 이런 식으로 원가를 낮추면 일본보다 훨씬 싸게 배를 지어도 돈을 벌 수 있다."

그리고 당시 "지금 배 값만 싸면 내가 LNG 프로젝트 할게"라는 전 세계 개발 업자들이 줄을 섰는데, 그 사람들의 고민은 배가 너무 비싸다는 것이었습니다. 배가 비싸고 주문이 잘 안 나오니까 일본의 3사가 건조량을 조절해서 가격을 통제하려 했습니다. 그러니까 시장에 배만 싸게 공급할 수 있으면 시장 전체의 파이가 커질 수 있다는 것이 눈에 보였습니다. 현장의 엔지니어들과 구매를 하고 원가를 다뤄본 사람들은 이것이 눈에 보였습니다. 그래서 과감히 실행한 것입니다.

결과만 봐서는 잘한 결정이라고 생각할 수 있지만 이건 어디까지나 결과론적인 얘기입니다. 그 과정은 정말 줄타기같이 아찔한 과정이었습니다. 하여튼 중간에 트러블이 좀 있었지만, 결말은 잘되어서 우리가 LNG선 원가를 파괴했습니다. 원가 파괴를 하면서 LNG선의 패러다임 자체를 모스 방식에서 멤브레인 방식으로 바꿔버린 것입니다. 일본도 자업자득입니다. 외환위기 때 우리가 일본 가서 달러 좀 빌려달라고 했을 때 빌려줬으면 환율이 그렇게 안 튀고, 환율이 그렇게 안 튀었으면 우리가 이렇게 저가 입찰을 못 했을 것입니다. 그 돈을 안 빌려줘서 환율이 그렇게 튀고, 결국은 뒤통수를 맞은 것입니다.

적재량 12만 5,000세제곱미터가 표준이었던 시장에서 13만 5,000세제곱미터로 배를 키우고, 가격은 훨씬 싸고, 성능은 똑같은 첫 번째 혁신을 해냈습니다. 국적 LNG선 사업을 하면서 현대 중공업, 삼성중공업, 한진중공업 등이 모두 참여하고 다 함께 선의의 경쟁을 했지만, 원가 파괴 혁신을 통해 수출 LNG선 시장을 석권한 것은 대우조선이었습니다. 대우 특유의 도전 정신이 있었기에 일견 무모한 시도를 했었습니다. 또한 1997년말부터 시작된 외환 위기와 대우 그룹 해체 과정에서 살아남기 위해 벼랑 끝에서 분투해야 했던 대우조선의 절박한 사정도 있었습니다. 그런데 놀랍게도 한국 조선업계는 LNG선 기술 혁신을 한 번만 한게 아닙니다. 그 후로도 세 번을 더 합니다. 2000년 초반 멤브레인 LNG선으로의 전환과 원가 파괴를 시작으로 지금까지, 총 네번의 혁신을 통해 중국의 추격을 따돌리고 현재까지 이 시장의 절대 강자로 군림하고 있습니다.

혁신, 또 혁신으로! 경쟁에서 태어난 DFDE와 초대형선

한국은 1990년대 말 장기 계약으로 LNG 탱크 자재와 일본산 스팀터빈을 싸게 들여와서 톡톡히 재미를 보았습니다. 선가는 30% 낮추었고, LNG 화물 용량은 늘렸습니다. 조선소도 선사도 모두 만족스러운 상황이었습니다. 그럼에도 일부 고객들은 불만이 있었습니다. 새로운 LNG 프로젝트를 개발해서, 기존에는 없던 긴 항로로 LNG를 운송해야 하는 선사들과 에너지 기업들이었습니다. 이들은 일단 BOR을 낮추고 싶어 했습니다. BOR은 하루에 BOG가 얼마나 발생하느냐, 즉 특수 보온 탱크의 성능이 얼마나 좋으냐를 판단하는 지표입니다. BOR이 높으면 값비싼 LNG를 많이 태워버려야 하니 이를 최소화하길 원했습니다. 동남아를 벗어나 다양한 LNG 프로젝트들이 대서양 지역을 중심으로 생겨나고 항로가 길어지면서 BOR을 낮추고 배를 대형화하고자 하는 수요가 발생했습니다. 엔진 효율을 높이고, LNG를 더 많이 보존하며, 한 번에 더 많은 LNG를 운송할 필요가 있었습니다. 또한 스팀터빈은 내구성이 좋고 믿을만한 장비였지만 비싸고 정지상태에서 기동하는 데에 12시간이 걸리는 불편함이 있었습니다. 고객들의 불만을 해소하는 새로운 혁신이 필요한 때가 도래한 것입니다. 두 번째 혁신을 촉진시킨 건 미국과 카타르였습니다.

1990년대 말 이후, 미국에서 IT와 인터넷 붐이 일면서 전력 사용량이 급증했습니다. 전기와 가스의 가격이 급등하면서 미국 천연가스 가격이 일본보다 2배 비싼 달도 있었습니다. 난리가 난 미국에서는 LNG를 수입하고자 하여 미국 동해안과 서해안에 30개 이상의 LNG 수입 터미널 프로젝트가 추진되었습니다. 그런데 미국에 LNG를 공급할 수 있는 여러 후보국 중 동남아는 일단 제외되었습니다. 너무 멀었기 때문입니다. 그다음 대서양 지역의 트리니다드 토바고와 나이지리아가 미국 시장을 겨냥해 LNG 생산 설비를 구축했습니다. 하지만 세계 최대 규모의 미국 경제가 본격적으로 LNG를 필요로 하자, 기존과는 차원이 다른 대규모 LNG 개발이 필요해졌습니다. 이를 겨냥하여 미국에 LNG를 대규모로 공급하겠다는 전략을 세우고 대규모 투자에 착수한 곳이 카타르였습니다.

카타르는 바로 위 바다에 단일 가스전으로는 세계에서 가장 큰 가스전을 갖고 있습니다. 카타르에서는 북쪽에 있다고 해서 노스 돔North Dome이라고 합니다. 그런데 이 가스전은 절반을 이란과 공유합니다. 이란에서는 남쪽에 있다고 해서 사우스 파스South Pars라고 하는데, 사실 노스 돔과 사우스 파스는 한 덩어리입니다.

빨대를 꽂아서 서로 뽑으면 서로 자기 것이라고 하는, 어떻게 보면 상대방 가스를 당겨올 수도 있는 구조입니다. 그래서 두 나라가 무척이나 예민합니다. 사실 이란이 카타르보다 압도적으로 큰 나라이지 않습니까? 카타르는 개발을 서두르지 않았습니다. 그런데 미국이 가스 부족을 호소하고 카타르에 엄청난 가스가 있다고 하니까 미국 자본이 카타르로 간 것입니다. 그 당시 세계 최대의 에너지 기업이었던 미국의 엑손Exxon을 시작으로 메이저 에너지 기업들이 카타르에 와르르 가서 엄청난 돈을 투자해 LNG 생산 공장을 사상 최대 규모로 건설한 후 생산된 LNG를 미국에 공급하기로 한 것입니다.

카타르에서 미국까지 LNG를 보내려면 지중해와 대서양을 횡단해야 하므로, 종전의 LNG선 이상으로 큰 선박이 필요했습니다. LNG를 공급하는 과정에서 값비싼 LNG선 척수를 최대한 줄여야 하는데, 항로가 길어지면 줄이기가 어렵습니다. 운항속도를 더 빠르게 하거나, 한 척의 배로 더 많은 LNG를 운송하는 방법이 필요했습니다. 그 당시 많이 팔리던 13만 5,000세제곱미터 정도의 LNG 적재 용량을 가진 배로는 다른 LNG 프로젝트와 경쟁하기 어려웠습니다. 적어도 15만 세제곱미터의 적재 용량이 필요했습니다. 이렇게 배를 키우는 과정에서 두 번째 혁신이 일어납니다. 바로 스팀터빈을 버리는 것이었습니다. 스팀터빈을 버리고 대신에 디젤 엔진과 전기 추진이 결합된 DFDE_{Dual Fuel Diesel Electric}라는 기술을 도입했습니다.

선박용 디젤 엔진은 두 종류가 있습니다. 천천히(200RPM 이하) 회전하면서 프로펠러를 직접 돌리는 저속 대형 엔진과 비교적 빨리(600RPM 이상) 회전하면서 발전기를 돌리는 중속 중형 엔진입니다. 스팀터빈을 여러 대의 중속 엔진 발전기로 대체한 LNG선이 프랑스에서 2004년 처음 등장했습니다. 프랑스는 전통적으로 북아프리카에서 LNG를 수입했고, 항로가 짧아서 LNG 적재용량은 약 7만 4,000세제곱미터였습니다. 프랑스 가스회사는 이 항로를 운항하던 LNG선의 낮은 에너지 효율에 불만이 많았습니다. 그들의 요구로 에너지 효율이 높은 DFDE 기술을 적용한 최초의 LNG선이 등장한 이후 곧이어 한국에서 DFDE 기술을 적용하고 LNG 적재 용량도 더 키운 LNG선이 쏟아져 나오기 시작했습니다.

발전기를 여러 대 두고 전기를 많이 만든 다음, 배는 모터로 추진하고, 배에 필요한 대부분의 기기는 전기로 구동하는 선박 기술은 원래 크루즈선에서 온 것입니다. 크루즈선은 이동식 호텔이므로 전력 수요가 많고 조용해야 하므로 화물선과 달리 저속 대형 엔진을 쓰지 않습니다. 이 개념을 LNG선에 도입했습니다. 당연히 이 새로운 LNG선의 발전기는 LNG 탱크에서 나오는 BOG로 돌릴 수 있어야 했고, 비상 상황에서는 디젤로도 운영할 수 있어야 했습니다.

스팀터빈 LNG선의 에너지 효율이 30% 초반대였지만, DFDE의 에너지 효율은 40% 중반으로 훨씬 좋았습니다. 그래서 스팀터빈 LNG선이 하루 150톤의 BOG를 소모했다면, DFDE LNG선은 110톤으로 BOG 소모량을 줄였습니다. 여기에 LNG 탱크 적재 용량은 키웠는데, 필요한 BOG가 줄어든 만큼, LNG 탱크 보온재 기술도 혁신해서 기존 0.15%/일 BOR을 0.12%/일로 줄였습니다. 이를 통해 LNG 화물 탱크의 크기는 13만 5,000세제곱미터에서 15만 세제곱미터로 커졌지만, 척당 운항 경비는 오히려 20~30% 절감되었습니다. 더 많은 LNG를 더 적은 비용으로 고객에게 배달할 수 있어 선사와 에너지 회사로는 꽤 큰 이익을 볼 수 있었습니다. 이로 인해 2006년 이후 LNG선 시장은 DFDE LNG선으로 대거 넘어갔고, 이를 한국 조선소들이 주도했습니다.

지나고 나면 너무 당연한 일이지만, 1964년 이후 40년간 잘 쓰던 스팀터빈 기술을 새로운 방식으로 바꾸는 것은 쉬운 일이 아니었습니다. 새로운 메가 LNG 프로젝트를 추진한 카타르가 이 흐름을 주도했습니다. LNG 가격에서 운송료가 차지하는 비중은 무시할 수 없는 수준인데, 카타르는 미국 시장에서는 대서양 연안의 경쟁 LNG 생산 공장보다 항로가 길었고, 극동 시장에서는 동남아와 호주의 경쟁 LNG 생산 공장보다 항로가 길어 불리했습니다. 카타르로서는 운송료를 경쟁자들보다 무조건 절감해야 살아남을 수 있었습니다. 그래서 과감하게 DFDE LNG선을 적극 도입했고, LNG선 사이즈를 키워나갔습니다.

일본 조선업계는 그때 우리 눈치를 좀 봤습니다. 물건을 어렵게 개발하면, 누구나 계속 붕어빵 찍어 내듯 그대로 팔고 싶어 합니다. LNG선처럼 복잡하고 비싼 배는 기본설계-상세설계-생산설계의 과정도 어렵고 돈이 많이 듭니다. 게다가 핵심인 LNG 화물창은 외국에서 원천 기술을 라이선스 계약을 통해 들여와 비용을 지급해야 하니, 웬만하면 주력 제품을 계속 그대로 파는 게 좋습니다. 그렇기에 일본에서도 한국 조선소들이 기존에 만들던 스팀터빈 LNG선을 버리고 판을 바꿔버릴 거라고는 보지 않았습니다. 그런데 우리는 앞장서서 다 바꿔버렸습니다. 고객이 더 나은 기술을 원했기에 기존에 잘 운행되고 있던, 검증된 기술을 과감히 버렸습니다. 이렇게 혁신을 하면 카타르에서 미국으로, 또 극동으로 LNG를 경제적으로 운송할 수 있는 길이 열리기 때문에, 우리 스스로 잘하던 것, 과거의 유산을 과감하게 버리고 새로운 방식에 도전했습니다.

이렇게 두 번째 혁신이 일어났습니다. 이 두 번째 혁신을 주도한 것은 삼성이었습니다. 현대가 독점적인 모스 기술 라이선스를 가지고 시장을 독점하려 할 때, 대우는 원가를 파괴하면서 멤브레인 방식을 도입해서 제품 경쟁력을 한 단계 높였습니다. 대우와 치열하게 멤브레인 LNG선 건조 경쟁을 벌이던 삼성은 원가 경쟁이 아닌 새로운 방식의 기술 경쟁을 선택하고 DFDE를 들고 나온 것입니다. 삼성이 이것을 주도해서 하니까 다 따라올 수밖에 없었습니다. 스팀터빈 LNG선보다 DFDE LNG선이 고객 입장에서 더 좋은 제품이라는 것이 명확했기 때문입니다. 여기서 끝나지 않았습니다. 혁신이 또 일어납니다.

13만 5,000세제곱미터에서 15만 세제곱미터로 규모를 키워 효과를 보자 21만, 27만 세제곱미터 규모의 초대형 LNG선이 등장합니다. 카타르에서 LNG 소비국까지의 항로가 길다 보니 LNG선의 규모를 최대한 키워서 필요한 배의 숫자를 줄여야 했습니다. 그래서 기왕 키운 것, 수에즈 운하를 통항할 수 있는 최대 크기에 가깝게 초대형화한 것입니다. 27만 세제곱미터면 그 당시 많이 돌아다니던 13만 5,000세제곱미터 크기 스팀터빈 LNG선 두 척 용량입니다. DFDE 방식으로는 저만한 규모의 LNG 탱크에서 나오는 BOG를 적절하게 처리하기 어려웠습니다. 또 다른 혁신이 필요했습니다.

이렇게 큰 배를 만들려면 또 엔진이 바뀌어야 합니다. 기존에 사용하던 발전기로는 이 큰 배를 구동하기가 어려웠습니다. 큰 배의 운항에 필요한 동력을 얻기 위해서는 발전기를 너무 많이 넣어야 해서 원가가 안 맞았습니다. 그래서 일반 컨테이너선이나 유조선에 쓰는 엔진을 넣어 운항에 사용하고, BOG는 LNG로 다시 바꿔 화물창으로 넣는다는 아이디어를 냈습니다. 단순한 계산입니다. 2000년대 초반, 기름값은 매우 쌌지만 LNG를 수입하려던 미국의 천연가스 가격은 상대적으로 비쌌습니다. 거대한 배를 싸고 효율이 좋은 저속 디젤 엔진으로 움직이게 만들고, 운항 과정에서 LNG가 소모되지 않도록 만들면 수익성이 더 좋아질 거라 기대되었습니다.

관건은 화물창에서 발생하는 BOG를 다시 LNG로 만드는 것이었습니다. 이를 위해 일종의 초소형 LNG 플랜트 장치를 개발하여 배 위에 설치했습니다. 이를 '재액화장치'라고 합니다. 전력 사용량이 만만치 않은, 복잡하고 어려운 장치였지만 한국 조선업체들은 다시 혁신에 도전했습니다. 스팀터빈과 DFDE 시스템을 설치하던 LNG선 엔진룸에 대형 저속 디젤 엔진을 넣고, 발전기를 넣었습니다. 초소형 재액화장치 패키지는 배 위에 올리고, 복잡한 제어 시스템을 개발해서 설치했습니다. 거대해진 LNG 탱크에 맞는 건조 공법과 설치 치공구를 새로 고안하고 적용했습니다. 초대형 LNG선의 개념은 카타르와 엑손모빌이 제안했지만, 이를 구체적으로 검증하고 실현하여 성공적으로 인도한 것은 한국 조선업체들이었습니다.

이 세 번째 혁신을 누가 주도했을까요? 현대였습니다. 현대가 맨 처음에 모스 기술에 막대한 투자를 해서 들여왔는데, 한국의 다른 회사들이 차례차례 일으킨 혁신 때문에 모스 LNG선 시장이 확 축소되었습니다. 처음에는 그 투자비도 아깝고 모스의 기술적 장점이 있으니까 탱크를 키우고, 원가를 절감하고, 터빈을 국산화하면서 어떻게든 버티려고 했는데, 시장이 흘러가는 방향이 바뀌지 않았습니다.

현대 입장에서는 기존에 있던 모스형 LNG선 중심으로 패러다임이 유지되면 주도권을 쥘 수 있었습니다. 모스 기술을 독점 계약하고 있으니 다른 한국 조선소들에 이를 공급하면서 마진을 얻을 수도 있다는 계산이었을 것입니다. 그런데 경쟁사들이 멤브레인 기술을 혁신하고, 개발 경쟁으로 치달으면서 LNG선 가격은 낮아지고, 계속해서 새로운 기술을 시도해야 하는 상황에 몰리게 된 것입니다. 과당 경쟁, 제살 깎아먹기라는 비판이 일본에서부터 시작해서 업계에서 여러 번 제기되었습니다. 원가 파괴를 주도했던 대우에게 화살이 집중되었습니다.

대우 쪽에서도 할 말은 있었습니다. 자기들도 나름대로 혁신해서 이제 제품 안정화시켰는데 삼성이 갑자기 엔진을 혁신하면서 또 시장을 교란했습니다. 그렇게 DFDE 멤브레인 LNG선으로 안착되는가 싶었더니, 이번에는 카타르에서 어려운 요구를 해 오고, 거기에 또 현대는 그걸 덥석 물어서 또 혁신하겠다고 나섭니다. 사실 어떤 의미에서는 서로가 서로의 등을 떠민 셈입니다. 삼성이 DFDE 개발을 주도하고, 현대가 카타르의 LNG선 초

현대중공업이 건조해 카타르에 인도한 초대형 LNG선의 시운전 모습.

카타르의 발주를 받아 수요를 맞추기 위해 대형 LNG선 네 척을 동시에 건조하고 있는 한화오션 제1도크.

대형화를 주도하면서 서로를 끊임없는 경쟁 구도로 밀어 넣었습니다. 내부에서는 계속되는 무한 경쟁에 서로 진절머리가 나면서도 포기할 수 없었습니다. 현대가 등을 떠미니 대우와 삼성도 뛰어들 수밖에 없었습니다.

스팀터빈 LNG선, DFDE LNG선, 초대형 LNG선으로 10년 사이 주력 제품이 두 번 바뀌었지만, 더 나은 경제성과 운항 경비 절감을 원하는 고객들의 요구는 끝이 없었습니다. 계속해서 그 요구에 부응하기 위해 경쟁한 결과, 2004년부터 2007년 동안 카타르가 발주한 53척의 LNG선을 한국 3사가 독점했습니다. 1981년부터 1997년까지 전 세계 LNG선 시장을 독점하던 일본 3사(미쓰비시 중공업, 가와사키 중공업, 미쓰이 조선)를 한국 3사(현대중공업, 대우조선해양, 삼성중공업)가 압도한 것입니다. 1997년 이후 10년도 지나지 않았는데, 세계 LNG선 시장의 판도가 바뀌었고, 한국이 카타르가 원한 제품 혁신을 통해 LNG선 절대강자 자리를 굳힌 것입니다.

사실 일본은 1990년대 3사 간 내부 경쟁을 자제하고, 해외 대형 프로젝트는 아예 컨소시엄을 결성하여 참여했습니다. 일본 3사의 연합을 의미하는 J3 컨소시엄은 사실 카타르 LNG선 시장을 독점할 기회가 있었습니다. 일본은 늘어나는 LNG 발전 수요를 충족하기 위해 UAE에 이어 카타르와도 계약을 맺고 1996년부터 LNG를 수입했습니다. 당연히 여기에 투입된 10척의 LNG선은 J3 컨소시엄이 가져갔고, 사이좋게 나눠서 건조했습니다. 한국 조선업체들은 가격 경쟁력, 우수한 품질, 기술 혁신을 통해 카타르 시장을 선점하고 있던 일본을 실력으로 누른 것입니다. 시장을 지배했던 일본 3사는 서로 경쟁하지 않았고, 그 결과 안정된 시장 점유율과 높은 이윤을 즐길 수 있었습니다. 모스 기술의 장점을 적극 홍보하고 스팀터빈을 직접 만들어 공급하면서 경쟁자를 원천적으로 배제하고 철저하게 시장을 나눠 가지려 했습니다. 한국은 정반대였습니다. 국적 LNG선 사업부터 경쟁했고, 수출 LNG선 입찰에서는 더욱 치열하게 경쟁했습니다. 10년 이상 계속된 지독한 경쟁으로 인해 다들 힘들었지만, 그 열매는 달콤했습니다.

셰일가스 혁명과 LNG 시장 급변

불과 10년 동안 멤브레인 방식으로의 전환, DFDE LNG선과 카타르의 초대형 LNG선이라는 세 번의 제품 혁신이 발생하면서, 전 세계 조선업계는 정신이 없었습니다. 이미 고객들은 모스형과 스팀터빈 LNG선에서 멀어졌지만, 일본은 멤브레인 LNG선 개발을 포기했습니다. (여담으로 일본이 최초로 대형 멤브레인 LNG선을 건조한 건 이로부터 한참 시간이 지난 뒤인 2018년의 일입니다.) 그만큼 혁신의 속도가 빠르고 시장이 요동치고 있었습니다. 2000년대 LNG 수입을 시작하면서 한국을 벤치마킹한 중국도 어려움에 처했습니다. 통상 후발주자가 시장에 들어올 때는 선도 기업에게 비용을 내고 기술과 제품을 이전받아 생산해야 하는데, LNG선 주력 제품이 급격하게 변하니 무슨 제품으로 추격을 해야 할지 난감한 상황이었습니다.

더욱이 2010년대가 되니까 앞서 만든 여러 LNG선들의 문제점이 드러났습니다. DFDE는 너무 구성이 복잡합니다. 특히 기어 박스가 고장이 잘 났습니다. 카타르의 초대형 LNG선은 재액화장치가 문제였습니다. LNG 플랜트를 압축해서 방 하나 크기로 만든 것인데, 초소형화 과정에서 너무 빽빽하게 장비를 배치하다 보니 고장이 나도 정비가 어려웠습니다. 운항 중에 고장이 나면 바다 위에서 바로 고쳐야 하는데 도저히 일반 선원이 고칠 만한 기계가 아니었습니다. 전문 엔지니어가 특수 장비를 가져와야 수리할 수 있었습니다. 그렇게 기술적으로만 해도 만만치 않은 배였는데, 그보다 더 근본적인 문제가 발생했습니다.

바로 카타르로부터 LNG를 수입하려고 했던 미국의 천연가스 가격이 폭락했습니다. 2008년부터 미국에서는 셰일가스라는 생소한 천연가스가 쏟아져 나오기 시작했습니다. 수압파쇄법과 수평시추라는 기술을 통해 그동안 땅속에 있지만 캐내지 못하던 천연가스를 펑펑 뽑아 쓰기 시작했습니다. 그후 공급량이 넘치면서 미국의 천연가스 가격은 급락하고 LNG를 수입할 이유가 사라져 버렸습니다. 그러자 2000년대 중반 이후, 미국이 세계 최대의 LNG 수입국이 되리라는 전망으로 막대한 돈을 투자했던 에너지 기업들은 큰 어려움이 처했습니다. 미국에 새로 건설된 LNG 수입 터미널들은 준공 즉시 휴업 상태가 되었고, 카타르의 자랑인 초대형 LNG선은 할 일이 없어 안벽에 계류되었습니다. 글로벌 LNG 시장은 심각한 공급과잉에 빠졌고, 중국의 급부상으로 전 세계 유가는 폭등했습니다. 초대형 LNG선을 구상할 때의 기본 전제였던 '미국의 높은 천연가스 가격과 낮은 유가'가 정반대가 되었습니다. 카타르의 계산이 완전히 빗나간 것입니다.

그러니까 다시 혁신이 무조건 필요한 상황이 되었습니다. 한국 조선업은 DFDE LNG선과 초대형 LNG선으로 시장을 장악했으니 이제는 좀 편안하게 갈 수 있을 줄 알았지만 시장이 그렇게 돌아가지 않았습니다. 에너지 시장의 지각변동과 치열한 내부 경쟁은 새로운 혁신으로 모두를 몰아갔습니다.

이때 수완 좋고 머리 회전이 빠른 일부 미국 에너지 기업들은 파리만 날리던 LNG 수입 터미널을 바로 LNG 수출 플랜트로 바꾸는 사업에 착수했습니다. 셰일가스로 미국산 LNG를 만들어 전 세계 시장에 공급하자는 것이었습니다. 그러면서 이들은 LNG 산업계에 중요한 변화를 가져왔습니다. 바로 LNG 공급 방식의 변화와 LNG선 운항 노선의 자유화였습니다.

과거 LNG선은 LNG 프로젝트 개발의 한 부분으로 발주되었고, LNG 판매자와 구매자는 20년 이상의 장기 계약으로 묶여 있었습니다. 특정한 배는 특정한 노선에 묶여 평생 두 지점을 오갔으므로, 배가 다소 비싸더라도 신뢰성과 유지보수 비용이 중요했습니다. 일본 조선소들이 모스형 탱크+스팀터빈 LNG선을 고수한 것도 그들의 주요 고객인 일본 에너지 기업들이 전통적인 방식으로 LNG를 거래했기 때문이었습니다. 정해진 노선에 꼭 맞는 최적 사양으로 정확히 필요한 척수의 배만 확보한 후, 철두철미하게 관리하며 운항하는 것이 그들의 방식이었습니다.

하지만 대서양 연안 LNG 프로젝트들은 이런 딱딱함이 덜했고, 미국 LNG 프로젝트들은 이런 규제 자체가 없었습니다. 구매자는 LNG를 미국에서 받아 간 후 자기가 원하는 아무 곳에서나 팔 수 있었고, LNG선이 어느 노선에서 어떻게 운항할지는 정해져 있지 않았습니다. 미국의 수입 수요가 사라져, 전 세계 LNG 시장이 공급 과잉 상태가 되어 가격이 하락했으므로 운항 경비를 더 절감하고, 미국에서 태평양을 건너가는 긴 항로에도 적합한 LNG선이 필요했습니다.

이런 모든 상황은 결국 제품 혁신에 대한 요구로 이어졌습니다. 새로운 제품은 기존 제품들의 장점을 섞으면서 탄생하게 됩니다. 초대형 LNG선에 적용했던 저렴하고 효율이 좋고 튼튼한 전통적인 저속 디젤 엔진을 개량하여 BOG로도 엔진을 돌리자는 아이디어였습니다. 구조가 간단하고 신뢰도가 높은 디젤-LNG 이중연료 엔진을 적용한다면 엔진-발전기-감속기-모터로 연결되는 DFDE의 복잡한 시스템 문제도, 초대형 LNG선에서 잦은 고장을 일으켰던 재액화장치도 필요 없었습니다. 하지만 말이 쉽지, 선박용 저속 디젤 엔진은 근본적으로 디젤 압축 착화 방식인데 디젤과는 물성이 다른 천연가스로 이 엔진을 돌리는 것은 쉽지 않았습니다.

해결책은 재액화장치 기술에서 나왔습니다. 재액화장치는 BOG를 초고압으로 압축하는 기능이 핵심인데, 이걸 응용해서 BOG를 초고압으로 압축한 후 엔진 실린더 속에 쏴주는 기계를 한국에서 세계 최초로 만든 것입니다. 그 전까지 선박용 저속 디젤 엔진은 유럽 메이커가 원천 기술을 가졌지만, 이중연료 저

우리 업계가 연료 공급 기술을 원천 개발한 이중연료 저속 디젤 엔진.

속 디젤 엔진은 우리 업계가 연료 공급 기술을 원천 개발한 것입니다.

이중연료 고압가스 직접 분사 저속 디젤 엔진, 줄여서 ME-GI라고 하는 이 신형 엔진은 BOR을 1% 미만으로 낮춘 새로운 LNG 탱크 보온 기술과 결합되었습니다. ME-GI 엔진의 에너지 효율성은 50%가 넘습니다. 선박 운항에 필요한 연료가 더 적게 필요한 셈이며, 그만큼 배의 크기와 LNG 탱크 크기를 키울 수 있었습니다. 그 결과 17만 세제곱미터 이상으로 LNG 저장 용량은 커졌지만, 운항 경비는 기존 대비 20% 이상 절감되었고, 선박의 유지보수도 간편해졌습니다. 미국산 LNG에 필요한 에너지 효율성이 우수하고 LNG 탱크 용량도 큰 네 번째 제품 혁신이 일어난 것이었습니다.

이번 혁신은 누구의 손에서 일어났을까요? 대우입니다. 독자 기술로 고압가스 직접 분사 유닛을 개발하여 독일 엔진 메이커에 제공함으로써 ME-GI 엔진을 현실화시켰습니다. 네 번째 혁신이 일어나면서 LNG선의 패러다임이 다시 한번 바뀝니다. 2017년 이후 ME-GI LNG선이 시장을 석권했습니다. 미국에서 LNG가 쏟아져 나오자 LNG선 주문도 쏟아졌습니다. 그럼 현대나 삼성은 대우가 개발해서 특허를 갖고 있는 그 엔진을 순순히 썼을까요? 저속 디젤 엔진에 BOG를 주입하는 방식에서 추가적인 기술 개발을 더 진행해서 새로운 엔진을 개발했습니다. 엔진에 연료를 주입할 때 고압으로 쏘면 엔진룸에 연료가 샐까 불안하기 때문에, 저압으로 쏠 수 있는 방식을 고안한 것입니다.

현재는 ME-GI, ME-GA(저압), XDF(저압) 등의 다양한 엔진들이 적용되고, 서로 경쟁하고 있습니다. LNG 탱크 화물창 기술도 다양한 기술들이 실험되고 검토되고 적용되면서 현재 BOR 수준은 0.07%/일 수준까지 떨어졌습니다. 적재한 LNG에서 나가는 기체로 바뀌는 양이 하루에 0.07%입니다. 처음에 우리가 국적 LNG선을 만들 때는 0.15% 이상이었습니다. 그 양이 절반 이하로 떨어진 것입니다.

배는 주문부터 인도까지 2~3년이 걸립니다. 그런데 한국 조선업계는 배 한 척이 나오기도 전에 다음 혁신을 시작했습니다. 이 엄청난 속도로 이루어진 잇따른 혁신이 두 가지 결과를 낳았습니다.

첫째, 일본의 포기입니다. 가와사키, 미쓰비시, 미쓰이의 일본 조선 3사는 시장의 주류가 된 멤브레인 기술 적용과 한국 조선업체와의 경쟁을 포기하고 틈새시장인 모스 기술에 머물렀습니다. 후발주자 이마바리가 2018년이 되어서야 멤브레인 LNG선을 건조했고, 타 업체들도 뒤늦게 도전했지만 별다른 성과는 없었습니다. 일본 조선소들은 국내 수요만 겨우 충당했고, 2014년 이후로는 일본 해운 회사들도 한국 조선소에 첨단 사양의 LNG선을 대거 발주했습니다. 기술 표준화를 통해 LNG선 시장을 만들고 국제 LNG선 시장을 독점했던 일본 조선업체는 이제 시장에서 자취를 감췄습니다.

둘째, 중국의 혼란입니다. 2000년대 초반 중국도 우리와 같은 전략을 택했습니다. 자국 조선소에 LNG선을 발주한 것입니다. 상하이의 후둥중화 조선소가 그 주인공이었습니다. 하지만 문제가 있었습니다. "어떤 배를 만들어야 하는가?" 기술이 너무 빠르게 바뀌었습니다. 모스에서 멤브레인으로, 다시 DFDE로, 또 초대형선으로. 후둥중화는 이 모든 기술을 따라잡아야 했습니다. 결국 중국이 이 시장에서 우리를 따라오는 데 20년이 걸렸습니다.

K-조선의 성공 비결과 미래, 다시 혁신으로

5년 전만 해도 엔비디아가 애플을 제치고, 하이닉스가 삼성전자보다 법인세를 많이 낼 거라고 예측한 사람은 없었습니다. GPU 붐과 HBM이라는 제품 혁신이 이를 가능하게 했습니다. 반도체든 조선이든, 성공 원리는 같습니다. 지속적으로 기술에 투자하고, 제품을 혁신하고, 고객을 만족시켜야 합니다. 이 성공 원리를 철저하게 지킨 것이 한국 LNG선이 세계 1위에 오른 비결입니다. 정리하자면 세 가지입니다.

첫째, 치열한 내부 경쟁입니다. 3사가 담합의 유혹을 뿌리치고 지속적인 기술 혁신으로 경쟁했습니다. 20년 동안 주력 제품이 네 번 바뀌었고, 시장은 커졌고, 후발주자는 따라오지 못했습니다. 삼성과 하이닉스의 반도체 경쟁처럼, 조선도 3사 경쟁이 혁신을 이끌었습니다.

불황 때마다 통합하자는 목소리가 나왔지만, 3사 체제는 유지되었습니다. 그리고 이것이 옳았습니다. 세 회사는 각자 다른 강점을 가졌습니다. 대우(한화)는 자율성을 바탕으로 제품 혁신을 주도했고, 삼성은 체계적 관리로 복잡한 해양플랜트(FLNG)에

강점을 보였습니다. 현대는 중공업 그룹의 인프라로 '기술의 현대'라는 정체성을 구축하며 국산화를 이끌었습니다.

이들은 서로 다른 방식으로 경쟁했습니다. 때로는 서로 험담을 하고, 때로는 원가 경쟁을 했지만, 핵심은 기술 경쟁이었습니다. 현대가 모스에 주력할 때 대우는 멤브레인으로 돌파했고, 삼성은 DFDE로 판을 바꿨습니다. 여기에 현대는 초대형선으로 화답했고, 대우는 ME-GI로 다시 앞서갔습니다. 세 회사의 이런 경쟁이 한국 조선업을 세계 최고로 만들었습니다.

둘째, 끊임없는 제품 혁신입니다. 기술을 발전시켜 제품을 혁신해야 원가는 낮추고, 고객을 만족시켜, 새로운 시장을 만들어 갈 수 있습니다.

배는 자동차와 다릅니다. 자동차는 같은 배기량의 차라고 해도 브랜드와, 디자인, 사양을 차별화함으로써 2배 이상 가격을 받을 수 있지만, 화물선은 그렇지 않습니다. 기술이 정체된 상태에서 시간이 지나면 원가 경쟁만 남습니다. 시간이 지나 설비가 노후화되거나 인건비가 오르면 결국 조선소는 경쟁력을 잃고 문을 닫습니다. 한때 세계 조선 시장의 절반 이상을 장악했던 영국, 유럽, 일본 조선산업이 이런 운명을 피하지 못했습니다.

한국 조선업계는 이 운명을 피하기 위해 처절한 노력을 계속해 왔습니다. 특히 LNG선에서는 20년 이상 압도적 1위를 유지하며 지속적으로 매출과 이익을 창출했습니다. 2000년 이후 20년이 지나면서 한국의 국민 1인당 GDP는 2.6배 늘었고, 물가도 인건비도 많이 올랐지만 LNG선 시장에서는 경쟁력을 유지해 왔습니다. 지속적인 제품 혁신으로 진부화를 극복했기 때문입니다. 제품을 혁신해야 원가를 낮출 수 있고, 더 좋은 제품이 더 싸게 공급되면 시장이 커집니다. 고객 요구를 계속 수용하다 보면 점진적 개선이 임계점에 도달하고, 결국 대규모 혁신으로 도약합니다.

유조선은 20년 전에 만든 배나 지금 만드는 배나 운항 경비나 내부 구성이 크게 다를 게 없습니다. 하지만 LNG선은 20년 전 만든 배는 이제 운임 경쟁에서 밀려 쓸모가 없습니다. 제품을 혁신하여 새로운 교체 수요까지 만들어 낸 것입니다. 치열한 내부 경쟁은 기존 제품을 가지고 적당히 담합하는 구조를 허락하지 않았고, 지속적인 제품 혁신은 중국의 추격을 원천적으로 차단했습니다.

셋째, 철저한 고객 맞춤입니다. 제가 조선소에서 일할 때 현장에서 제일 많이 듣던 불평은 일이 고되다는 것도, 급여가 짜다는 것도 아니었습니다. 왜 이 배는 이전 호선과 설계가 달라 일을 어렵게 만드냐는 것이었습니다. 똑같은 설계를 적용해서 배를 붕어빵 만들 듯 찍어 내면 생산성도 빨리 오르고, 급할 때 자재를 구하기도 쉽고, 작업자나 품질관리나 선주 감독관이나 선급이나 모두 편한데, 도대체 시리즈 호선을 건조하면서 설계를 왜 계속 바꾸냐는 것이었습니다. 듣기에 따라서는 바보같은 답변이 될 수도 있겠지만, 대답은 간단합니다. 고객이 원했기 때문입니다.

검증된 설계를 반복해서 적용하는 건 분명 편하지만, 우리 업계는 달랐습니다. 한국 조선소는 손님은 왕이라는 원칙 아래 고객의 요구를 최대한 많이 받아들였습니다. 같은 시리즈 다음 호선을 만들다가도 선주 감독관이 "이 밸브는 왼쪽으로 돌리는 게 낫겠다"라고 하면, 설계를 수정했습니다. 때로는 이해하기 어려운 황당한 요구도 있었지만, 그 과정에서 우리는 배웠고, 혁신했고, 성장했습니다. 이 철저한 고객 중심 문화가 혁신의 원동력이 되었습니다.

예전에 한국에서 LNG선 감독관으로 오래 일한, 나이 지긋한 분의 인터뷰를 본 적이 있습니다.

"일본에서 더 나은 배를 만들기 위해 이렇게 해보자고 작업자들에게 제안하면 긍정적인 반응을 얻기 어려웠다. 어떤 경우에는 당신보다 우리가 더 전문가라는 반응을 보이기도 했다. 한국으로 와서 같은 제안을 하니, 다들 눈을 반짝이며 무엇이든 개선 방향을 알려달라, 우리가 밤을 새서라도 그렇게 해놓겠다는 젊은 현장 직원들의 에너지가 너무 좋았다. 영어가 짧아서 깊은 대화는 어려웠지만, 굳이 필요하지도 않았다. 실력은 부족해도, 하려는 의욕이 넘치는 사람들과 더 나은 배를 만드는 것이 행복이고 기쁨이었다."

왜 우리는 이 감독관의 말을 믿고 따랐을까요? 이 감독관이 LNG선의 경험이 많았습니다. 우리가 모르니까, 우리가 LNG선을 지금 모르니까 "우리가 잘못 만들었구나, 그런가 보다"라고 생각한 것입니다. 한국 조선소들은 경험이 부족한 만큼 고객의 의견을 적극 수용했습니다. 똑같은 시리즈 선박도 호선마다 조금씩 개선되었고, 이러한 점진적 개선이 누적되어 결국 혁신으로 이어졌습니다.

이런 자세로 우리는 일본의 30년 경험을 10년 만에 따라잡았습니다. 고객들의 어려운 요구가 많았습니다. 2004년, 미국 기업이 LNG선이면서 동시에 해상 터미널로 쓸 수 있는 배의 개념도를 가져와서 건조를 요청했습니다. 대부분의 엔지니어가 불가능하다고 판단했지만, 우리는 결국 만들어 냈습니다. 세계 최초의 LNG-RV가 탄생했고, 이 배는 2005년 허리케인 카트리나 때 뉴올리언스에 천연가스를 공급하며 한국의 기술력을 과시했습니다.

이후 FSRU, 쇄빙 LNG선 등 파생 제품들이 속속 등장했습니다. 2014년 러시아 노바텍Novatek은 영하 40도 북극권에서 운항할 수 있는 LNG선을 요청했습니다. 특수 저온강판을 수동 용접해야 하는 몹시 어려운 작업이 많았지만, 요구를 들어주었습니다.

"요구를 들어주었다"라는 짧은 문장 뒤에는 원가, 납기, 기술 요구 사항을 맞추기 위해 전력분투한 사람들의 땀과 눈물이 있었습니다. 일본이 도리질하며 피할 때, 우리는 도전했습니다. 관리부서가 고객을 만족시키는 것도 좋지만 원가와 시행착오로 인한 고생을 좀 줄이자고 만류해도, 엔지니어들은 도면을 그려내고 현장은 묵묵히 실행에 옮겼습니다. 주력 LNG선의 지속적인 제품 혁신을 하면서 동시에 많은 고객들의 세부 요구와 파생

상품까지 개발, 생산, 개량을 동시에 해낸 것입니다.

한국 조선업은 이렇게 치열한 내부 경쟁, 끊임없는 제품 혁신, 철저한 고객 맞춤이라는 세 가지 원동력이 어우러져 20년이 넘는 시간 동안 LNG선 분야의 정상에 설 수 있었습니다. 일본을 따돌릴 수 있었고, 중국의 추격이 지연되었습니다. 하지만 이제 중국도 수준이 많이 올라왔습니다. 후둥중화 외에 여러 중국 조선소가 LNG선 시장에 진입했고, 무엇보다 이제는 중국이 세계 1위 LNG 수입국이기에 자국 조선소에게 건조 물량을 몰아주고 있습니다.

중국은 중앙의 CSSS China State Shipbuilding Corporation(중국선박그룹)가 통제하는 일본식 체제였지만, 최근 변화가 일어나고 있습니다. 후둥중화는 2031년까지 수주가 포화 상태입니다. 이제 민간 업체들이 물량을 받으며 실력을 쌓고 있습니다. 5년 전 다롄조선소가 시장에 진입했고, 양쯔장조선, 신세기조선 등 민간 조선소들도 뛰어들었습니다. 이들은 낮은 원가와 기민한 대응력으로 유조선과 컨테이너선 시장을 잠식한 강자들입니다. 민간 조선업체들의 진입은 중국 LNG선 조선소들의 치열한 경쟁과 발전을 촉발할 것입니다. 여기서 한국 조선업은 1위 수성의 과제에 직면하고 있습니다. 중국의 거센 도전을 언제까지 막을 수 있을까요? 우리는 무엇을 해야 할까요?

첫째, LNG의 뒤를 이어 세계 에너지 시장에서 큰 몫을 차지할 차세대 무탄소 에너지 운반선 개발입니다. 다양한 무탄소 에너지들이 현재 개발되어 상용화 경쟁을 벌이고 있습니다. 우리에게 LNG선 시장을 빼앗긴 일본과 우리에게 LNG선 시장에서 억눌리고 있는 중국이 차기 경쟁에서 유리한 고지를 차지하기 위해 집중적으로 투자하고 있습니다. 액화수소는 일본이, 암모니아와 메탄올은 중국이 앞서 있습니다. 미래 시장을 위한 기술 개발과 투자에 더 노력하고 분발해야 합니다.

둘째, 핵심 기술 국산화입니다. 우리 업계는 현재까지 500척 이상의 멤브레인 LNG선을 건조했지만 여전히 LNG 탱크 기술은 프랑스 GTT의 기술 라이선스에 의존하고 있습니다. 라이선스 비용은 상당히 비싸서 척당 선가의 5% 수준입니다. 우리 덕에 GTT의 영업이익률은 60%가 넘습니다. 엔진과 LNG 펌프 등 여전히 해외 기술에 의존하는 핵심 기자재도 국산화하고, 국내 기자재 업체가 실적을 쌓을 수 있게, 자국 선사가 국산 화물창과 국산 기자재로 무장한 LNG선을 전략적으로 발주해야 합니다.

1990년대 초반 국적 LNG선 사업처럼 국내 기술–국산 기자재 LNG선 사업이 필요합니다.

셋째, 다섯 번째 LNG선 제품 혁신을 준비해야 합니다. LNG 탱크의 수를 현재의 표준인 4개에서 3개 이하로 줄이는 시도, 전기추진과 가스터빈을 조합한 엔진 에너지 효율 개선, 운항 중 탄소 배출량 감축을 위한 선상 CCUS 기술 도입 등이 시도되고 있습니다. 무엇이 실현될지는 시도하지 않으면 알 수 없기에 더 도전해야 합니다. 1위가 도전하지 않으면 도전자가 혁신하고 시장은 무너집니다. 일본이 그렇게 무너졌고, 우리가 그들을 무너뜨린 비결을 기억해야 합니다.

넷째, 엔지니어 확보입니다. 한국 조선업의 근간이 현장 기능공이었다면, LNG선 1위의 1등 공신은 엔지니어들입니다. 하지만 지금 조선소 엔지니어들이 조선소 현장에서 서울로, 수도권으로 떠나고 있습니다. 현장에서 멀어지면 혁신도 멈춥니다. 엔지니어가 현장에서 일할 수 있는 환경을 만들어야 합니다. 조선 경쟁력의 근간은 결국 사람이고, 결국 엔지니어입니다.

여러 전문 기관들이 LNG 교역량의 지속적인 증가를 예측합니다. 현재 4억 톤 남짓에서 2040년 7~8억 톤 규모로 늘어날 가능성이 큽니다. 이렇게 되면 향후 20년간 1,000척 이상의 LNG 선 신조가 필요합니다. 제품 혁신에 따라 시장은 더 커질 수 있습니다.

이 장에서 한국 LNG선이 세계 1위에 올라서기까지의 파란만장한 경쟁과 혁신의 역사에 대해서 이야기했습니다. 그런데 다시 한번 강조하자면, 그런 경쟁의 장이 만들어지기 전에 앞서 기존에 존재하던 일본 생태계에서 벗어나 독자적인 국적 LNG선을 건조한다는, 놀라운 결단이 있었다는 사실을 기억해야 합니다. 1980년대 후반 조선 불황의 고통이 이어지고, 준비도 부족했지만, 후발주자였던 우리가 국산 LNG선 건조에 도전한 것은 대단한 결단이었습니다. 당시 많은 사람이 무모하다고 했지만, 그 결단이 1,000억 달러 이상의 시장을 열었습니다. 이런 도전 정신은 오늘날에도 여전히 유효합니다.

저는 최근에 AI를 둘러싼 담론에서 기시감을 느낍니다. AI를 개발하느냐 마느냐 하는 데 있어서도 국산 AI는 안 되겠다며 그냥 외국 기술을 쓰자고 말하는 건 쉽습니다. 당장 그게 합리적인 선택처럼 보이기도 합니다. 그렇지만 그런 결정을 절대 쉽게 내리면 안 됩니다. 옛날 우리는 이것보다 훨씬 더 열악한 상황에서 훨씬 더 어려운 의사결정을 했고, 그것 덕분에 지금 우리가 먹고살고 있습니다.

일본이 생태계를 완전 장악하고 독점한 LNG선에 도전했기에 지금의 LNG선 절대 강자 지위에 올라설 수 있었던 것처럼, 어떤 선택이 우리에게 미래 먹거리를 가져다줄지 모릅니다. 국가적 이익을 고려했을 때 무모해 보이는 도전을 해야 하는 순간도 있다는 것을 유념해야 합니다. K-조선 20년의 영광을 앞으로 30년, 40년으로 이어갈 수 있는지는 우리에게 달렸습니다. 할 수 있다는 마음으로 다시 혁신으로, 다시 도전으로 나아가야 합니다.

III.

MASGA, 기회인가 위기인가

2025년 한국 조선업계의 가장 큰 화두를 고르라면 바로 MASGA가 되겠습니다. MASGA는 2025년 한국 정부가 미국에 제안한 조선·해운 협력 이니셔티브입니다. 주요 내용은 한국 민간 조선사의 미국 현지 투자와 공적 금융 기관의 금융 지원(대출 보증 등)을 결합해 미국 조선소의 현대화 및 재건을 돕는 것입니다. 이 제안은 미국의 '국방산업기반 전략Defense Industrial Base Strategy' 과 맞물려 구체화되고 있으며, 단순한 민간 기업 차원을 넘어 한미 정부 간 전략적 협력의 성격을 띠고 있습니다.

MASGA 이야기가 나오고 나서 저 또한 이 주제에 대해 미국 관계자들도 만나고, 의뢰를 받아 용역도 수행하면서 사안들을 살펴봤습니다. 언론에 잘 나오지 않지만 조선산업을 주제로 여러 미팅들이 한미 간에 계속 진행되고 있습니다. 수시로 미국의 해군 장성들이 한국 조선소들을 방문하고 있고, 한국의 대통령과 기업 총수들이 미국 조선소 현장을 방문하기도 했습니다. 양국 정부, 기업, 학계는 한미 조선업 협력 방안을 두고 토론을 이어가고 있습니다.

그 과정에서 저는 사람들이 궁금해하는 세 가지 핵심 질문이 있는데, 답이 잘 정리되어 있지 않음을 느꼈습니다. 그중 첫 번째 질문을 다소 직설적인 표현으로 받은 적이 있습니다. "MASGA, 제정신인가?" 이 질문을 던진 사람은 어느 조선업체의 중역이었습니다. 그는 아무리 계산기를 두들겨 봐도 이게 돈이 되는 일인지 잘 모르겠다고 했습니다. 우리나라도 지금 인건비가 비싸서 배 짓기 어렵다고 하는데, 1인당 GDP가 우리의 2배이상인 미국(2025년 기준 한국 3만 5,962달러, 미국 8만 9,599달러)에 가서 배를 지어서 과연 채산성이 나올 수 있겠느냐는 것이었습니다. 우리보다 인건비가 비싼 선진국에서 배를 짓는 건 업계에서 과거에단 한 번도 시도하지 않았던 일이기에, 생경하고 계산이 어렵다는 반응이었습니다.

두 번째 질문은 "트럼프만의 어젠다$_{agenda}$가 아닌가"입니다. 트럼프 대통령은 유명한 이슈 메이커로서 하루에도 수십 건의 메시지를 SNS에 올리는 사람입니다. 다소 즉흥적으로 다양한 이 슈를 던지고 이야깃거리를 만드는 트럼프 대통령이므로 MASGA도 그 정도의 단기 이슈에 불과하다는 지적입니다. 조선 소를 만들고 배를 짓는다는 것은 5년, 10년, 15년 걸리는 장기 프 로젝트입니다. 그런데 이것이 트럼프 대통령이 즉흥적으로 꺼낸 어젠다라면 트럼프 임기가 끝나거나 정권이 바뀌면 도루묵이 될 수도 있다는 겁니다. 만약에 그렇다며 지금 MASGA에 기대를 걸 고 큰돈을 투자하는 건 낭패라는 우려였습니다.

세 번째 질문은 "미국 해군이 정말 위협받고 있느냐"입니 다. 웬만한 나라 전체 해군력과 공군력보다 더 강하다는 항공모 함을 여러 척 운영하는 미국 해군인데, 중국 해군에 밀린다고 난 리인 것이 혹시 정치적 목적의 과장된 수사 아니냐는 의구심이었 습니다. 트럼프가 특정 사안을 과장해서 정치적 드라이브를 거 는 것처럼, 한미 양국이 각자 필요에 의해 이 이슈를 부풀렸다는 해석입니다. 업계에서 노력해도 실질적인 결과물을 만들어 내기 는 힘들 거라는 회의론도 많이 접할 수 있었습니다.

저는 2025년 6월부터 이 문제를 파고들었습니다. 실제 미국 해군 관계자들을 만나보고, 미국에서 나온 관련 리포트들을 검토했습니다. 그 결과 확실히 하나는 알게 되었습니다. MASGA 이슈는 단순한 트럼프 어젠다는 아닙니다. 어째서일까요? 두 번째 질문에 대한 답은 세 번째 질문을 탐구함으로써 함께 얻을 수 있습니다. 그리고 그러한 고찰을 바탕으로 우리는 첫 번째 질문에 대한 답을 고민할 수 있습니다. 현재 진행 중인 문제이기도 하기 때문에 여기에 대한 답변을 제가 단정할 수는 없습니다. 하지만 독자 여러분들께서 직접 판단하실 수 있도록 현재 MASGA를 둘러싸고 벌어지고 있는 일들의 배경을 설명드리겠습니다.

미국 해군의 고질적인 문제

미국 해군의 압도적 전력이 약화되어 문제라는 인식은 어제오늘의 사안이 아닙니다. 오바마 대통령의 임기가 끝나가던 2016년 말부터 위기론이 공론화되어 해군 전력을 시급히 강화해야 한다는 공감대가 형성되었습니다. 2017년 미 의회는 국방수권법을 통과시키면서 해군력 강화를 법제화시켰습니다. 그때부터 미국 정부와 해군, 의회가 삼박자로 많은 노력을 했지만, 성과는 미미했습니다. 오히려 문제는 더 악화되었습니다. 지속적인 노력에도 불구하고 해군의 전력이 지속적으로 약화되고 있다는 것은 데 광범위한 공감대가 형성되어 있습니다.

MASGA라는 용어는 우리나라가 들고 나온 것이지만, 미국만의 힘으로 이 문제를 해결하기 어렵다는 결론이 나온 건 바이든 행정부 때였습니다. 2025년에 나온 이야기가 아닙니다. 바이든 행정부 시절 많은 논의가 진행되었고, 트럼프가 재집권하면서 2025년 봄부터 관련 리포트가 쏟아져 나왔습니다. 그 내용을 보면 등이 서늘할 정도입니다. 이것은 우리나라의 안보를 포함해서 동북아시아 패권 구도가 중요한 변곡점을 지나고 있다는 신호입니다. 미국은 정말로 발등에 불이 떨어진 상황입니다.

그렇다면 어떻게 이런 상황이 초래되었을까요? 이유를 찾다 보면 중국 문제, 미국 조선소 문제, 그리고 미국 해군 문제가 복합적으로 얽혀 있습니다. 놀랍게도 미국 전문가들이 문제점 중 가장 중요한 순위로 꼽은 건 미국 해군 자체의 문제였습니다. 미국 해군이 전력을 증강하겠다고 이야기하고 노력한 지 10년이 넘었는데 전력 증강이 되지 않고 있다는 게 문제의 출발입니다.

미국 해군이 배를 새로 발주하고 획득하고 유지하는 과정 자체에 문제가 많았습니다. 미국 해군이 일을 계속 어렵게 만들고 있었습니다. 미국 조선소가 배를 잘 못 만드는 건 그다음 문제였습니다.

대표적으로 이런 사례가 있습니다. 의회는 미국 해군에 배획득에 시간도 오래 걸리고 비용도 많이 드니, 이탈리아와 영국에서 이미 취역한 최신형 호위함 설계를 들여와서 그대로 생산하자고 제안했습니다. 이미 설계가 완성되어 있으니 도면을 수정할 일이 별로 없습니다. 설계를 최대한 재활용하고 기간을 단축해서 20척의 호위함을 빨리 확보하자는 방안이었습니다. 미국 해군은 미국 해군 요구사항이 유럽 해군과 약간 다르니 기존 도면 중 20%만 수정하기로 하고 이 제안에 동의했습니다. 예산이 배정되고 조선소를 선정하여 2023년에 건조 작업을 시작했는데, 2025년 현재까지 진도가 10%밖에 나가지 않았습니다. 2026년이면 1호선이 인도되어야 하는데, 조선소는 2029년까지 시간을 달라고 하였습니다.

의회가 이상하게 여겨 조사해 보니, 처음에 설계의 20%만 바꾸겠다던 것이 85%가 바뀌어 있었습니다. 해군이 이것도 바꿔라, 저것도 바꿔라, 계속 요구하다 보니 결국 배를 처음부터 새로 설계하는 것과 다를 바 없게 된 것입니다. 처음 호위함 한 척의 획득 예산은 13억 달러였습니다. 지금은 19억 달러로 늘었고, 전문가들은 최종적으로 23억 달러가 들 것으로 예상합니다. 결국 2025년 11월 말 미국 해군 스스로 이 사업을 취소해 버렸습니다. 20척 확보를 목표로 했지만, 예산 초과와 납기 지연이 너무 심해지자 현재 건조 중인 두 척만 마무리 짓고, 나머지 18척은 발주 자체를 취소해 버린 것입니다. 미국 해군과의 계약을 믿고 사업에 뛰어든 조선소나 호위함이 필요했던 미국 해군 모두 큰 낭패를 본 것입니다. 미국 해군이 군함을 발주하고 관리하는 과정에서 비슷한 실패 사례가 반복해서 발생하였습니다.

미국 의회는 해군이 요구한 신조 예산보다 더 많이 배정해 준 경우가 많았습니다. 미국은 재정 적자 문제 때문에 대부분의 분야에서 예산을 계속 깎았지만, 해군 신조 예산만은 예외였습니다. 지난 10년간 해군이 100을 달라고 하면 의회는 그것으로 충분하겠느냐며 110, 120을 책정해 주었습니다. 그런데 배 한 척당 획득비는 더 늘어나고, 획득에 필요한 시간은 더 길어지는 일이 10년간 반복되었습니다.

작년 미 의회 조사국이 심각하다고 판단해 조사를 진행했고, 충격적인 결과를 발표했습니다. 미국 조선업은 상선 분야에서는 거의 형태만 남았지만, 군함 분야에서는 전 세계적으로 실력도 있고 비중도 큽니다. 미국 해군이 군함을 많이 발주하기 때문입니다. 그런데 영국 조선소는 상선이든 군함이든 미국보다 상황이 더 안 좋은데, 영국 해군이 같은 배를 발주하면 미국 해군보다 더 싸게 획득한다는 것입니다. 영국이 물가도 더 비싸고 산업 기반도 미국보다 작은데 말입니다. 미 의회 관계자들은 이 결과에 당혹해했습니다.

조선소 문제도 분명히 있습니다. 하지만 미국 해군 문제가 상당히 심각합니다. 미국 해군의 가장 큰 문제는 장기 전략의 부재입니다. 전 세계적으로 어떤 역할을 어떻게 해야 하는지, 무슨 무기 체계로 어떻게 꾸려가야 하는지에 대한 큰 그림이 없었기 때문에 일관된 정책 없이 표류했습니다.

대표적인 사례를 보겠습니다. 냉전이 끝나고 레이건 시절 엄청나게 늘었던 국방비가 줄어들면서 미국 해군 예산도 감소했습니다. 표면적으로는 국방비 감소 추세가 2002년부터 반전됩니다. 9·11 테러가 터지고 아프가니스탄 전쟁, 이라크 전쟁이 계속되면서 전쟁 비용이 발생해 국방비 지출은 늘어났습니다. 하지만 전반적으로 2015년까지 함선 획득과 유지를 위한 해군 예산은 계속 줄어들었습니다.

예산 감축의 결과 해군의 규모와 조직 자체가 지속적으로 줄었습니다. 레이건 대통령 시기, 냉전 말기에는 해군 전투함이 380척으로 일곱 개의 대양 함대를 운영했습니다. 냉전 이후 미국은 함대를 하나 없애고 계속해서 해군 규모를 줄였습니다. 전투함 수는 계속 줄어서 2015년 초 271척까지 떨어졌습니다. 하지만 소련이 해체되고 중국의 군사 대국화는 아직 본격화되지 않은 시기여서, 줄어든 규모에도 불구하고 미국 해군의 전력은 여전히 타국을 압도했습니다. 경쟁자가 사라진 바다에서 예산은 줄어들고, 배의 척수도 계속 줄어드니 해군 입장에서는 자기 자리가 계속 사라지는 형국이었습니다.

그러다 보니 미국 해군 내부에서, 척수가 줄어드니 앞으로 짓는 배 한 척 한 척은 엄청 오래 쓰는 초고성능 배여야 한다는 암묵적 합의가 이루어 졌습니다. 아이러니한 것은, 배를 건조하는 데 시간이 오래 걸리면 걸릴수록 관련된 사람들의 일자리가 오래 유지된다는 점입니다. 군함을 오랜 시간과 많은 돈을 들여 건조한들 대적할 상대가 없는 한 해군 자신에게는 손해 날 것이 없었습니다.

조선소도 같은 입장이었습니다. 1980년대 들어 상선 수주를 포기하고, 해군 일만으로 먹고살다가 냉전이 끝나자 발주되는 배의 수가 크게 줄었습니다. 조선소 입장에서도 계약 조건을 활용해 건조 기간을 어떻게든 늘리는 게 더 유리했습니다. 처음에 10억 달러로 수주한 배를 짓다가 "요구사항을 다 반영하려면 13억 달러가 필요하다"라며 3억 달러 추가 비용을 청구합니다. 이것을 '체인지 오더change order'라고 합니다. 체인지 오더는 원래 건설업에서 시작된 개념으로, 계약 후 발주자의 요구사항 변경으로 인한 추가 비용과 기간을 청구하는 것입니다. 정상적인 프로젝트에서는 전체 비용의 5~10% 수준입니다.

미국 해군 프로젝트에서 이것이 남용되며 이상한 구조가 만들어졌습니다. 해군은 조선소의 체인지 오더에 사인을 해줍니다. 자기가 요구한 것이 맞기 때문입니다. 의회는 투덜대지만 결국 돈을 줍니다. 이미 시작된 프로젝트를 엎어버리는 게 어렵기 때문입니다. 정리하자면 다음과 같이 진행됩니다.

1단계: 해군과 조선소가 무리한 일정과 낮은 가격으로 계약

2단계: 해군이 건조 중 지속적으로 요구사항 추가/변경

3단계: 조선소가 체인지 오더로 30~50% 추가 비용 청구

4단계: 해군이 '우리가 요구한 것'이므로 승인

5단계: 의회가 추가 예산 승인(이미 진행 중이므로 중단 불가)

결과적으로 최초 계약에서는 10억 달러였던 프로젝트의 최종 비용이 15억, 20억으로 뛰어오르고, 5년으로 예정되었던 기간 또한 7년, 10년으로 늘어납니다. 이것이 반복되면 미국 조선소와 미국 해군 사이에 일종의 공생 관계가 생기면서 미국 조선업의 '느리고 비싼' 구조가 고착화됩니다.

미국 해군이 의회에 가서 10년에 20억 달러 걸릴 프로젝트를 혁신을 통해 7년에 15억 달러에 지을 수 있다고 제안하면, 의회는 해군의 혁신 노력을 평가하며 예산을 책정합니다. 그 돈으로 조선소에 발주하면, 조선소는 짓다가 해군의 온갖 요구를 받아들입니다. 3년쯤 지나 청구서를 내밀 때는 추가 요구사항 반영으로 2년이 더 필요하고 배 값이 50% 올랐다고 통보합니다.

해군은 머리를 긁적이지만, 발주서에 최종 결재를 한 담당

장성은 이미 정년 퇴임했고 후임자가 의회에 가서 전임자의 계획과 달리 시간도 돈도 더 든다고 보고합니다. 그 사이 의원들도 바뀌었습니다. 새 의원들은 찜찜하지만 이미 진행이 많이 된 일이라 추가 예산을 승인해 줍니다. 이런 일이 계속 반복되니 브레이크가 걸리지 않는 것입니다. 국가 예산 부담이 증대되는 것은 물론이고, 미국 해군의 전력 증강은 지연될 수밖에 없습니다.

역전된 전력 균형과 A2/AD 전략

만약 미국 해군의 압도적 지배력을 위협하는 적이 없었다면 이렇게 하더라도 큰 문제는 없었을 것입니다. 그런데 이렇게 해군과 조선소가 공생하는 사이에 중국 해군이 너무 빠르게 성장해 버렸습니다.

2004년부터 현재까지 미국 전투함 숫자는 300척을 넘지 않았습니다. 반면 중국 해군 함선은 이미 역전되어 지금은 80척 이상 차이가 납니다. 숫자만 보면 중국 해군이 미국보다 전투함이 더 많습니다. 중국 해군이 숫자로 세계 1위가 된 것입니다.

미국 해군의 편제를 보면 이것이 어떤 의미인지 더 명확해집

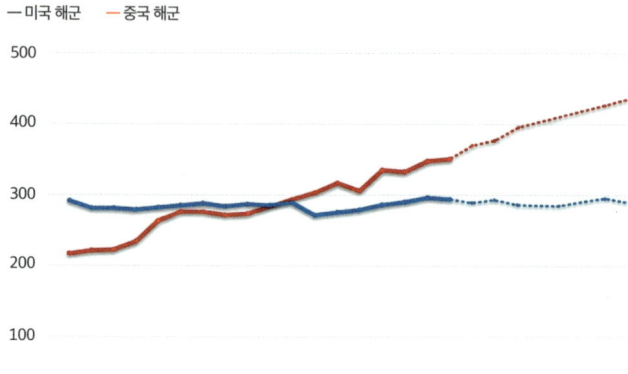

연도별 미국과 중국의 전투함 보유 척수.
데이터 출처: CSIS, 〈Ship Wars: Confronting China's Dual-Use Shipbuilding Empire〉

니다. 미국 해군은 전체 6개 함대로 운용되며 전 세계에 배치되어 있습니다. 특정 지역에 전쟁이 난다 해도 모든 함대를 집중시킬 수 없습니다. 유럽과 중동에도 함대가 있어야 러시아를 견제하고 중동 정세를 관리할 수 있기 때문입니다. 미국의 전쟁 교리는 특정 지역에 전쟁이 터지면 3개 함대를 보내고, 아주 짧은 기간 동안 최대 4개까지 집중시킬 수 있습니다. 이 6개 함대는 항공모함 11척을 운용합니다. 항공모험 한 척은 몇 년 동안 작전, 훈련,

동아시아 인문·사회 출간 목록 2017~2025년▼ 〈2025년〉 •두려움이란 말 따위(아잠 아흐메드 지음, 정해영 옮김) •육아 포비아를 넘어서(이미지 지음) •팬데믹과 정치(김기흥 지음) •보수 본능(최정규 지음) •먼저 온 미래(장강명 지음) •남성과 함께하는 페미니즘(이한 지음) •공동 뇌 프로젝트(김재인 지음) •명령에 따랐을 뿐!?(에밀리 A. 캐스파 지음, 이성민 옮김) 〈2024년〉 •우리는 재난을 모른다(홍성욱 지음) •김택근의 묵언(김택근 지음) •공직자 충무공(김오수 지음) •사랑과 통제와 맥주 한잔의 자유(김도미 지음) •사카나와 일본(서영찬 지음) •제국은 왜 무너지는가(피터 헤더·존 래플리 지음, 이성민 옮김) •벌거벗은 동물사(이종식 지음) •유전자 지배 사회(최정규 지음) •국민연금 가치 선언(제갈현숙 외 지음) •북극에서 얼어붙다(마르쿠스 렉스 지음, 오공훈 옮김) •지금 다시, 사우디아라비아(박인식 지음) •판사의 언어, 판결의 속살(손호영 지음) •아직은 가족, 끝까지 가족(김성우 지음) •직업을 때려치운 여성들(이슬기·서현주 지음) 〈2023년〉 •타인의 고통에 응답하는 공부(김승섭 지음) •학교의 재발견(더글러스 다우니 지음, 최성수·임영신 옮김) •눈부시게 불완전한(일라이 클레어 지음, 하은빈 옮김) •우리의 상처가 미래를 바꿀 수 있을까(김승섭 외 지음) •인류의 진화(이상희 지음) •AI 빅뱅(김재인 지음) •에이징 솔로(김희경 지음) •우리는 마약을 모른다(개정증보판, 오후 지음) •마거릿 생어의 여성과 새로운 인류(마거릿 생어 지음, 김용준 옮김) 〈2022년〉 •비운의 죽음은 없다(알리시아 일리 아민 지음, 송인한 옮김) •자본주의와 장애(마타 러셀 지음, 조영학 옮김) •같은 일본, 다른 일본(김정화 지음) •진격의 10년, 1960년대(김경집 지음) •전쟁과 약, 기나긴 악연의 역사(백승만 지음) •아주 구체적인 위협(유네스코한국위원회 기획) •돌봄이 돌보는 세계(다른몸들 기획) •해공 신익희 평전(김삼웅 지음) •아파트 담장 넘어 도망친 도시 생활자(한은화 지음) •이상한 정상가족(개정증보판, 김희경 지음) 〈2021년〉 •의료인문학이란 무엇인가(황임경 지음) •후쿠시마 원전 사고의 논란과 진실(백원필 외 지음) •다름과 어울림(고려대학교 다양성위원회 기획) •상냥한 폭력들(이은의 지음) •우리말 절대지식(개정증보판, 김승용 지음) •미처있고 괴상하며 오만하고 똑똑한 여자들(하미나 지음) •음식에 그런 정답은 없다(정재훈 지음) •서사의 학이란 무엇인가(리타 샤론 외 지음, 김준혁 옮김) •당신을 이어 말한다(이길보라 지음) •총과 도넛(최성규 지음) •첨단×유산(고려대학교 공과대학 기획) •믿습니까? 믿습니다!(오후 지음) 〈2020년〉 •장애의 역사(킴 닐슨 지음, 김승섭 옮김) •뉴노멀의 철학(김재인 지음) •남극이 부른다(박숭현 지음) •코로나 리포트(허윤정 지음) •신문기자(모치즈키 이소코 지음, 임경택 옮김) •모두의 몸을 모두에게(금민 지음) •우리가 도시를 바꿀 수 있을까(최성용 지음) •가짜뉴스의 고고학(최은창 지음) •교육의 미래, 컬처 엔지니어링(폴 김 외 지음) 〈2019년〉 •도서관 지식문화사(윤희윤 지음) •생각의 싸움(김재인 지음) •똑똑, 아기와 엄마는 잘 있나요?(안미선 지음) •전국 책방 여행기(석류 지음) •중동태의 세계(고쿠분 고이치로 지음, 박성관 옮김) •공기 파는 사회에 반대한다(장재연 지음) •동양화는 왜 문인화가 되었을까(장인용 지음) •파란하늘 빨간지구(조천호 지음) •왜 손석희인가(배국남 지음) •우리 몸이 세계라면(김승섭 지음) 〈2018년〉 •가족끼리 왜 이래(박민제 지음) •한반도 화교사(이정희 지음) •화교가 없는 나라(이정희 지음) •김경집의 통찰력 강의(김경집 지음) 〈2017년〉 •인공지능의 시대, 인간을 다시 묻다(김재인 지음) •아픔이 길이 되려면(김승섭 지음) •시티 그리너리(최성용 지음) •과학자가 나라를 걱정합니다(이종필 지음) •백우진의 글쓰기 도구상자(백우진 지음)

먼저 온 미래 | 장강명 지음 | 368쪽 | 값 20,000원

2025년 언론에서 꼽은 올해의 책
(한국일보·한겨레·문화일보·동아일보·경향신문·매일경제·시사IN)
소설과 논픽션을 넘나들며 과학기술이 삶과 사회에 미칠 영향을 탐구해 온 저널리스트–작가 장강명이 전현직 프로기사 30명과 바둑 전문가 6명을 만나 알파고 이후 바둑계에 '먼저 온 미래'를 돌아보고, 인공지능이 문학계를 비롯한 여러 업계에 가져올 변화를 전망한 르포르타주다. 장강명은 터미네이터가 등장하지 않더라도, 일자리가 사라지지 않더라도, 인공지능이 전문가의 권위와 자부심을 부수고, 일과 경험을 변질시키고, 우리가 추구하던 가치를 위협할 수 있다고 경고한다.

정비 사이클로 돌리기 때문에 함대 수와 항공모함 척수에 차이가 있습니다.

만약 중국이 대만을 침공하거나 군사적 압박을 가하자 이를 막기 위해 미국이 직접 개입한다고 가정해 봅시다. 중국 해군은 전 세계를 통제할 의무가 없기 때문에 이론적으로 전력의 90%를 집중시킬 수 있습니다. 반면 미국 해군은 절반만 집중시킬 수 있습니다. 전체 전투함 척수도 중국이 더 많은 상황에서 실제로 분쟁이 발생하면 전장에 투입될 수 있는 함선의 척수 차이는 2배 이상 벌어집니다.

더 큰 문제가 있습니다. 중국은 미국 해군이 아프리카, 중동, 유럽에서 하는 일에 신경 쓰지 않습니다. 중국 해군의 전략적 목표는 명확합니다. 미국 해군의 영향력을 동아시아에서 축소시키고 중국 해군이 그 자리를 차지하는 것입니다. 이를 '반反접근·지역 거부Anti-Access/Area Denial, A2/AD' 전략이라고 하는데, 중국이 이 전략을 세운 지 15년이 넘었습니다. 정확히는 미국 해군을 해안선 1,500킬로미터 밖으로 배제하겠다는 것입니다. 이 선을 '제2도련선島鏈線, island chain'이라고 합니다.

'제2도련선'이라는 이름에서 짐작할 수 있겠지만, 물론 '제1

중국 해양 정책의 기조인 '도련 전략' 개요도.
출처: 미국 국방부, 〈20211 중국 군사력 연례보고서〉

도련선'도 존재합니다. 위의 지도에서 보듯이, 중국에서 대만을 장악할 경우에 제1도련선이, 그리고 일본과 한국을 자기 영향력 아래 놓음으로써 제2도련선이 완성됩니다. 당연히 미국 입장에서는 중국의 이러한 전략을 용인할 수 없습니다. 중국 해군이 원하는 대로 된다는 것은 한국, 일본, 대만이 모두 미국 해군, 더 나아가 미국의 영향권에서 벗어나게 된다는 것입니다.

그런데 중국은 해군 대 해군 전투만 준비한 게 아닙니다. 중국은 내륙에서 미국 항공모함을 겨냥해 극초음속 탄도미사일을 쏜다는 전술을 오랜 세월 갈고닦았습니다. '둥펑東風 미사일'이라는 유명한 미사일이 있습니다. 이 미사일의 사거리는 3,000~4,000킬로미터에 달합니다. 중국 내륙에서 쏘면 미 함대가 그 미사일 발사 기지를 공격할 수가 없습니다. 미 함대에는 그렇게 긴 사거리의 미사일이 없기 때문입니다. 만약 대만에서 교전이 벌어지면 중국 본토에서 둥펑 미사일 수백 발이 날아오게 됩니다. 미국이 자랑하는 이지스 방어 체계로 이 미사일들을 모두 막아낼 수 있을지 장담하기 어렵습니다. 게다가 중국은 병참선이 짧고 미국은 병참선이 깁니다. 전쟁이 길어지면 미국은 병참에서도 불리합니다.

중국 본토에서 극초음속 탄도미사일이 날아오고, 척수도 부족한 상황. 이미 함선 숫자에서 역전이 이루어진 2015년부터 미국은 이 상황에 문제가 있음을 인지했습니다. 하지만 그때만 해도 미국은 자국 군함의 압도적 성능에 의존했습니다. 척수로 비교할 때 항공모함 한 척과 호위함을 같은 선상에서 비교할 수는 없습니다. 군함의 무장 수준과 기술력 면에서 미국이 워낙 뛰어나니 괜찮을 것이라고 생각했습니다.

그런데 2019년 이후 중국산 무기들이 가성비도 좋고, 절대적인 성능도 크게 떨어지지 않다는 사례가 하나둘 실전에서 확인되었습니다. 중국산 무기의 가격은 미국산 무기의 3분의 1도 채 되지 않습니다. 국제 시장에는 중국 전투기, 중국 미사일, 중국 레이더가 인기를 끌고 있습니다. 가격이 이렇게 저렴하다 보니 아시아와 아프리카 개발도상국들이 많이 샀습니다. 얼마 전까지 만 해도 미국과 서방 세계에서는 이를 쓸모없는 싸구려 무기라고 무시했습니다.

그런데 2025년 5월에 발생한 인도와 파키스탄의 '5월 분쟁' 에서 이런 평가가 전면적으로 수정됩니다. 파키스탄이 도입한 중국의 최신 무기 체계가 인도가 도입한 서방과 러시아제 첨단 무기와 겨루어 성능에서 뒤지지 않거나 오히려 더 뛰어난 면도 있음이 실전에서 입증되었습니다. 그 전까지는 미국이 질적으로 무기와 배가 뛰어나다는 믿음을 가지고 있었고, 이를 위안으로 삼았는데 그것이 흔들렸습니다. 질적으로도 별 차이가 없다는 인식을 하게 된 것입니다. 이로 인해 미국에서는 정말로 비상이 걸렸습니다.

이런 상황에서 중국은 계속 2027년 즈음에 중국몽의 최종 단계로 대만을 재통일하겠다고 공공연히 이야기하고 있습니다.

2025년 10월 말, 중국에서 제20기 중앙위원회 제4차 전체회의가 끝난 다음 날, 중국 관영 매체가 사설을 실었습니다. "2027년 대만을 재통일함에 있어서 장애물이 무엇인가"라는 제목이었습니다. 그 사설은 노골적으로 이렇게 말했습니다. "미국은 더 이상 중국이 대만을 병합하는 것을 막을 수단도 없고 논리도 없다. 포기하라."

2027년이라고 시점을 명확히 밝힌 것입니다. 전략적 흐름은 명확합니다. 중국은 점점 미국 해군을 밀어내고 있고, 미국 해군은 그 압박에 밀리고 있는 형국입니다. 이런 문제가 미국 안에서 명확하게 인식된 것이 2024년이고, 2025년 트럼프 2기 출범 이후 크게 화제가 되었습니다.

미국은 중국을 오바마 행정부 때부터 주적으로 인식했습니다. '아시아로의 회귀Pivot to Asia'라는 세련된 표현을 썼습니다. 유럽과 중동에 집중하던 것을 바꿨는데, 중동은 전략적으로 큰 비용을 들여 보호할 이유가 없다고 판단했습니다. 미국이 셰일 혁명으로 더 이상 석유가 부족하지 않으니 중동 석유를 확보하기 위한 전쟁을 그만두겠다고 전략을 수정했습니다. 그래서 아프가니스탄 전쟁과 이라크 전쟁을 끝내고 미군을 철수시켰습니다.

10년 전만 해도 러시아를 충분히 통제할 수 있어 유럽의 안보 문제도 없을 거라 생각했습니다.

2015년부터 아시아에 집중하면서 중국 전력이 급속도로 성장하니 견제해야 한다고 인식했지만 이미 늦었습니다. 2000년대 후반부터 2015년까지 중국이 미국의 중요한 군사 기술을 많이 확보했기 때문입니다. 요즘 문제가 되는 희토류 이슈도 다 그때 시작되었습니다. 군용 희토류 가공 기술도 원래 미국 것이었는데, 중국이 관련 시설들을 하나 둘 인수하고 중국으로 이전시킨 후 남은 미국 공장을 모두 폐쇄했습니다. 완전히 중국으로 넘어간 것입니다.

다음 그래프에서 20세기 중반부터 현재까지 진수된 배 척수를 5년 단위로 보면, 미국은 냉전 말기에 가장 많았다가 줄어들었습니다. 2015년부터 이래서는 안 되겠다는 경각심을 가지고 다시 늘리려 했지만 코로나 때문에 다시 감소했습니다. 반면 중국은 빠른 속도로 함선을 늘렸습니다.

이것이 의미하는 바는 명확합니다. 미국 해군의 배는 낡은 배입니다. 요즘 전쟁은 레이더 전쟁, 미사일 전쟁, 탐지전입니다. 중국은 주력함이 모두 신형입니다. 신형 레이더, 신형 미사일, 신

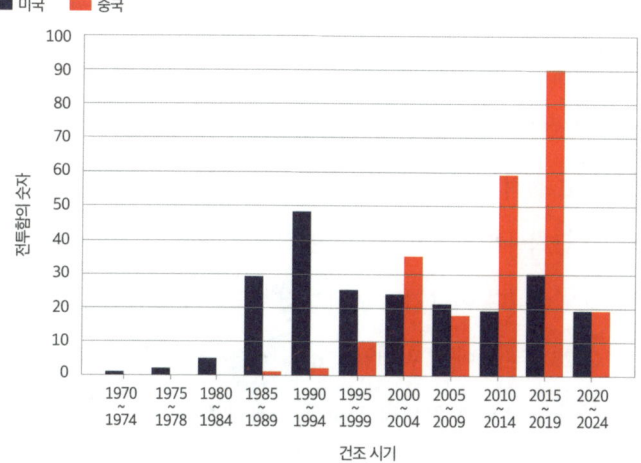

연도별 미국과 중국의 전투함 건조 척수.
데이터 출처: CSIS, 〈Ship Wars: Confronting China's Dual-Use Shipbuilding Empire〉

형 센서를 장착하고 있습니다. 미국 해군은 배가 오래되고 낡았습니다. 비록 지속적으로 최첨단 이지스 체계, 레이더, 미사일을 장착하는 개보수 작업을 꾸준히 진행했지만, 함선의 선령 자체가 30년이 넘은 노후선이 즐비합니다. 미국 해군의 주력 항공모함 중에는 취역한 지 50년이 된 배도 있습니다. 전자장비를 아무리 최신 기기로 구비해도 배 자체가 이렇게 오래되면 거친 바다에서의 항해나 실전에서의 치열한 교전을 배겨낼 수 있을지 의구심이 들게 됩니다. 반면에 중국은 최신형 함선들을 지속적으로, 대량 건조하며 빠르게 전력화하고 있습니다. 양으로는 이미 추월당했고, 질적 우위도 위협받고 있는 상황에서 종합적인 전력의 차이가 급격하게 줄고 있습니다. 전력 확충 속도는 오히려 더 벌어지고 있습니다. 여러 가지 문제가 겹쳐 있습니다.

2023년 미국에서 워게임War Game을 진지하게 실시했습니다. 워게임이란 보유한 최선의 정보를 활용해 적국과 아군의 전투부대를 컴퓨터상에서 시뮬레이션함으로써 전쟁 상황을 가상으로 재현하는 것이다. 중국 해군이 대만을 전면 침공했을 때를 30가지 시나리오로 시뮬레이션했고, 그중 10가지의 결과를 발표했습니다.

발표된 결과만 봐도 놀랍습니다. 결론적으로 중국이 대만을 전면 침공해도 대만 점령은 실패합니다. 핵무기를 쓰든 안 쓰든 마찬가지입니다. 하지만 중요한 것은 어떤 경우에도 미국 해군이 막대한 피해를 본다는 점입니다. 예전에는 피해를 거의 안 본다는 결과였습니다. 그런데 이제는 막대한 피해를 봅니다. 항공모함 두 척이 손실되고 2만 5,000명 이상의 해군이 사망한다는 결과가 나왔습니다.

중국이 대만 점령에 실패하는 이유는 미국 해군도 피해를 보지만 중국 해군도 투입된 배의 절반 이상을 잃기 때문입니다. 아직까지는 미국과 중국 사이에 군사력 차이가 명확합니다. 그런데 미국은 이 결과를 보고 안심한 것이 아니라 경악했습니다. 현재 미국의 조선업 역량을 고려했을 때, 전투에서 손실된 항공모함을 다시 확보하는 데 10년이 걸리기 때문입니다.

지금 미국 상황에서 중요한 것은 '넥스트Next', 전쟁 이후의 일입니다. 1941년 12월 일본이 하와이 진주만을 공격해 미국 태평양 함대 상당 부분이 침몰했지만, 결과적으로 태평양 전쟁에서 이긴 것은 미국이 포함된 연합국 진영이었습니다. 미국이 압도적 산업 역량을 발휘해서 일본의 기습으로 손실된 배를 빠른 속도로 보충했고 일본은 그러지 못했기 때문입니다. 1942년초부터 1945년 8월 종전까지 32개월 동안 미국은 항공모함을 141척 건조해 일본을 물량으로 완전히 눌러버렸습니다.

그런데 지금 상황은 정반대입니다. 전쟁이 터져서 양쪽 다 막대한 피해를 입었다고 가정해 봅시다. 3년, 4년, 5년 지나면 누구의 해군력이 더 강해지겠습니까? 명백합니다. 중국입니다. 중국은 지금도 끊임없이 배를 계속 만들어 내고 있습니다.

여기서 미국이 깨달은 것입니다. 지금 눈에 보이는 전력 차이가 중요한 게 아니라, 한번 전쟁이 벌어진 다음이 문제라는 것입니다. 복원력이 없으면 전쟁을 시작조차 할 수 없습니다. 겁이 나기 때문입니다. 미국 해군이 지금 필요로 하는 것은 여차하면 응전할 수도 있고, 항공모함 한두 척 손실 나도 금방 만들 수 있는 조선 능력입니다.

그런데 지금 미국은 그런 능력이 없습니다. 함대의 숫자 차이, 질적 차이, 위게임 시뮬레이션까지 한 다음에 미국은 중요한 사실을 깨달았습니다. 미국 조선업이 필요할 때 제2차 세계대전 때처럼 전력을 집중해 배를 대량생산할 수 있는 능력을 보여주지 못하면 전쟁을 시작조차 할 수 없다는 것이었습니다. 중국이 정말로 치고 나오면 막을 방법이 없다는 것, 막기에는 위험이 너무 크다는 것을 실감하게 되었습니다.

미국 항공모함 11척은 미 함대의 핵심입니다. 그중 두 척을 잃으면 엄청난 손실이 생기고 그것을 커버할 시간이 없습니다. 여기서 또다른 문제가 있습니다. 핵 항공모함은 미국의 동맹국에서 만들 수 없고, 미국만이 만들 수 있습니다. 너무 중요한 기술이라 다른 나라에 주지도 않고 미국 조선소에서만 건조합니다. 결국 미국 조선소의 건조 능력을 빠른 시간 내에 확충하지 못하면, 과거 일본이 미국을 선제 공격해서 승리를 거뒀음에도 결국 패권을 잃었던 것과 똑같이 당할 수 있습니다.

중국의 도발과 자신감

중국도 당연히 이것을 알고 있습니다. 이런 상황을 최대한 활용하려 합니다. 어떤 면에서는 2027년 위기설을 의도적으로 유포하고 있다고도 해석할 수 있습니다. 중국 입장에서 가장 중요한 전략적 목표는 미국을 동아시아에서 밀어내는 것입니다. 미국이 대만과 일본, 한국 방어를 포기하고 미국 해군이 빠지기를 원하고 있습니다. 싸우지도 않고 미국 해군이 물러나면 중국에게는 최상의 시나리오입니다.

그래서 계속 위협을 가하면서 노골적으로 자신들의 건조 능력을 부각시킵니다. 2024년 말에 정찰 위성이 촬영한 사진을 보면, 중국 국영 조선소 하나에서 상선과 군함을 동시에 건조하고 있습니다. 그 사진을 토대로 알아보기 쉽도록 그림으로 그린 것이 다음의 그림입니다. 여기에서 초록색 네모가 상선, 빨간색 네모가 군함입니다. 특히 다섯 척 이상의 전투함이 동시에 건조되고 있는 모습을 확인할 수 있습니다. 이 모습은 중국 조선업의 막강한 생산 능력을 보여줍니다. 보통 전력을 강화할 때는 비밀리에 하는데, 중국은 드러내 놓고 합니다. 이것은 단순한 과시가 아닙니다. '우리는 이만큼 빠르게 배를 만들 수 있다'는 메시지를 미국에 전달하는 전략적 행위입니다.

중국은 현재 항공모함 세 척이 있고, 6번함까지 세 척을 더

2024년 말 정찰 위성에 의해 포착된 중국 국영 조선소의 모습.

지으려 합니다. 4번함은 건조 중이고 5번, 6번함도 건조할 예정인데, 항공모함을 지을 때도 대놓고 짓습니다. 심지어 바로 옆에서 상선을 함께 건조합니다. 상선 근무자나 외국 감독관이 올라가면 항공모함 건조 현장이 다 보입니다.

중국 랴오닝성 다롄은 유서 깊은 항구 도시입니다. 항공모함도 건조한 실적이 있는 다롄조선소라는 오래된 조선소가 시내에 있습니다. 다롄 시내 일부 호텔에는 "창문을 열고 사진을 찍지 마십시오"라는 안내문이 비치되어 있습니다. 창문을 열면 군함 건조 현장이 눈앞에 보이기 때문입니다. 군사 기밀이라며 사진 찍지 말라고 하지만, 정말 군사 기밀이면 위장막을 치든지 해야 하는데 중국은 대놓고 했습니다. 자신들이 이렇게 많은 군함을 건조하고 있으니 그냥 물러나고 싸우지 말자는 메시지를 보내는 것입니다. 이것이 중국이 15년 이상 하고 있는 전략적 포석인데, 미국은 이것을 뒤늦게야 파악했습니다.

미국은 항공모함이 11척이고, 중국은 세 척입니다. 숫자뿐 아니라 미국은 전통의 해군으로 전 세계 누구도 감히 붙어보지 못하는 압도적 전력 차이가 있습니다. 그럼에도 불구하고 미국은 여전히 걱정입니다. 전쟁에서 몇 척이 손실되면 압도적 우위가 흔들리고, 뒤에서 계속 생산해 줄 능력이 없기 때문입니다.

역사를 보면 해전과 육전의 가장 큰 차이가 있습니다. 육전은 상대방이 도망갈 수 있습니다. 참호를 파고 숨을 수도 있고 장기전을 할 수도 있습니다. 하지만 해전은 일단 시작하면 대개 하루면 끝납니다. 해전사의 유명한 전투들을 한번 떠올려 보겠습니다. 러시아와 일본의 쓰시마 해전, 넬슨Horatio Nelson이 이끄는 영국과 프랑스의 트라팔가르 해전, 우리나라 임진왜란 때 있었던 명량해전도 하루 만에 끝났습니다. 태평양 전쟁의 승부처였던 미드웨이 해전도 실제 전투는 하루 만에 승부를 보았습니다. 바다에서는 도망갈 곳이 없기 때문입니다.

해전에서는 일단 전면적으로 붙으면 무조건 결과가 납니다. 그런데 중국 입장에서는 무승부여도 좋다는 것입니다. 중국은 지금 상황에서 계산해 보면 적어도 무승부까지는 갈 자신이 있습니다. 본토에서 미사일을 쏘고, 중국 항공모함 세 척으로 미국 세 개 함대, 항공모함 세 척과 맞붙으면, 자신들의 세 척이 다 손실되더라도 미국 항공모함 두 척은 격침시킬 수 있다는 계산입니다. 그 전투에서는 져도 미국은 원정이기 때문에 전략적으로 보면 중국이 이긴다는 것입니다. 게다가 중국은 2030년까지 항공모함 세 척을 더 만들 계획입니다.

왜 미국은 항공모함 건조 능력을 제대로 갖추지 못했을까요? 냉전 이후 조선소들이 먹고사는 문제 때문에 배를 천천히 만들고, 해군이 자기 먹거리를 유지하려는 공생 관계가 컸습니다. 미국 해군은 예산이 줄어드니 배를 오래 써야 했습니다. 미국 해군 입장에서 변명을 하자면, 지금 주력 항공모함인 니미츠급 중 가장 오래된 배는 50년째 쓰고 있습니다. 이를 대체하는 포드급 항공모함 1번함을 짓고 전력화했고, 2번함은 마무리 작업 중인데, 한 척 확보하는 데 11년이 걸립니다.

배가 나오면 4~5년 작전을 하다가 수리를 하러 들어갑니다. 간단한 수리가 있고 복잡한 수리가 있는데, 복잡한 수리를 하러 들어가면 5년이 걸립니다. 일하는 체계가 그렇게 되어버렸습니다. 첨단기술을 집약한 고성능 함선을 추구하다 보니 너무 복잡하고 어려운 구조가 되어버렸기 때문입니다.

미국은 전통적으로 냉전의 산물로, 물량 공세를 이어나가는 소련에 대응해 고성능 무기를 발전시켰습니다. 그리고 민주주의 사회라 사람을 귀하게 여기니 승무원의 생존성, 안위, 편안함을 중시했습니다. 여기에 복잡하고 뛰어난, 최신 무기들을 다

집어 넣었습니다. 미국 해군의 군함은 전 세계에서 가장 만들기 복잡하고 어려운 배입니다.

우리나라 해군을 포함해 전 세계 대부분의 해군은 배를 다 짓고 나서 폭로 시험shock trial을 하지 않습니다. 폭로 시험이란 군함이 실제로 어뢰에 맞았다고 가정하고 물속에서 폭탄을 터뜨려 보는 것입니다. 테스트하면 배가 망가질 수 있기 때문에 하지 않고 모형 시험이나 계산 결과로 대체합니다. 그런데 미국 해군은 합니다. 이번에 만들고 있는 포드급 신형 항공모함도 두 번 했습니다. 어뢰를 직접 맞힌 것은 아니지만 바로 근처에서 폭뢰를 두 번 터뜨렸습니다. 마치 자동차 충돌 시험 같은 것입니다.

이런 값비싼 실험을 통해 망가진 부분을 확인하고 보강해서 배를 짓습니다. 그러니 엄청 튼튼하고 좋습니다. 고성능 무기인 것은 맞습니다. 하지만 초고성능 무기를 가지면 역설적으로 전쟁을 하지 말아야 한다는 점이 중요합니다. 상대방이 그 무기를 보고 겁을 먹어서 싸우지 않아야 합니다.

이 전략이 미 공군에서는 통했습니다. 5세대 전투기로 유명한 F-22 랩터는 미국이 예전에 전투 시뮬레이션 결과를 의도적으로 퍼뜨렸는데, 미 공군의 다른 비행기와 붙으면 30 대 1로도 상대가 안 된다고 선전했습니다. 5세대 스텔스 전투기인 랩터를 다른 비행기들은 감지도 못한 채, 일방적으로 당한다는 것입니다. 랩터가 있으니 다른 나라 공군은 감히 넘보지 말라는 메시지입니다. 그래서 사실 미 공군은 다른 나라와 실제로 교전하지 않습니다. 전투기끼리의 공중전은 영화에서나 볼 수 있습니다.

2025년 6월에도 미국이 이란 핵 시설 공습 작전을 벌이면서 B-2 스피릿 폭격기를 동원해 초대형 폭탄 벙커버스터GBU-57 MOP

미군은 2025년 6월, B-2 스피릿 폭격기를 동원해 이란의 핵 무기 시설을 급습했다. B-2 스피릿 폭격기는 대당 가격이 약 1조 원에 달하는 전략 자산이다.

를 투하했습니다. 이란은 무엇이 왔는지도 알지 못한 채 폭격을 받아야 했습니다. 이와 같은 5세대 전투기의 압도적 전력은 미 공군에서는 유효합니다. 하지만 해군에서는 이 전략이 유효하지 않습니다. 상대국과의 무기 체계 격차가 그 정도로 커야 이것이 유지되는데, 중국이 많이 따라왔기 때문입니다.

그리고 예상되는 전장이 대만 쪽이니 이것이 가능합니다. 만약 동아프리카에서 붙는다면 게임이 안 됩니다. 중국은 대양 함대도 없습니다. 하지만 중국은 가까운 시일 내에 동아프리카에서 미국 해군과 겨룰 생각은 없습니다. 일단 미국을 동아시아 바다에서 밀어내면 그만입니다. 특히 자기 해안선 1,500킬로미터 내에서 그 전략적 목적을 달성하는 데는 이미 중국 해군으로 충분합니다.

미국 입장에서는 딜레마입니다. "대만, 한국, 일본을 포기해야 하나?" 트럼프 1기 때나 2기 출범 직후에 그런 말이 나왔습니다. 트럼프 성향상 포기할 수도 있다고 봤습니다. 군사력을 유지하는 데 돈이 많이 들고, 중국과 전쟁해서 지면 어떻게 됩니까? 패권이 한 번에 무너집니다. 과거 패권국들이 결정적 해전에서 졌기 때문에 패권을 잃은 경우가 많았습니다.

이것은 굉장히 큰 도박입니다. 미국 입장에서 대만, 한국, 일본이 그렇게 중요한가 고민할 수 있습니다. 하지만 현재 미국은 무조건 대만을 수호한다는 입장입니다. AI 반도체가 거기서 나오기 때문입니다. 미래는 AI 전쟁인데 AI 핵심 연산칩의 99%가 대만 TSMC 공장에서 나옵니다. 미국은 대만을 쉽게 포기할 수 없습니다.

중국이 만약 대만을 복속시켜 버리면 어떻게 되겠습니까? AI 전쟁에서 미국은 완전히 지게 됩니다. AI 반도체는 너무나 중요한데, 중국이 대만을 복속시키는 것은 절대 용납할 수 없습니다. 2025년 초에 미국은 대만은 수호하는데 한국은 뺀다느니, 일본만 수호한다느니 하는 논의가 있었던 것도 이와 같은 맥락입니다. 지금 이 문제는 미국 입장에서 굉장히 심각한 문제입니다.

그렇다면 지금이라도 미국이 정신 차려서 배를 만들면 안 되는 것일까요? 물론 하고 있습니다. 그 와중에 한국이 필요한 것입니다. 트럼프 대통령 본인이 이 문제를 무척이나 중요하게 생각합니다. 대통령 본인이 많이 브리핑도 받았고 제안도 하고 있습니다. 1기 때부터 함선 척수를 꼭 찍어서 정책 목표로 삼았던 트럼프 대통령입니다. 지난 대선 캠페인 때는 재정 적자 규모를 고려해서 국방비를 줄이겠다고 했다가, 집권 후 이런 상황을 보고 나서 국방비를 늘리겠다고 했습니다. 그리고 미국 해군을 다시 강하게 만들겠다고 했습니다.

2025년 10월 24일 《월스트리트 저널》은 미국 행정부가 '황금 함대Golden Fleet' 개념을 연구 중이라고 보도했습니다. 대만전 상황을 다시 생각해 보면, 중국은 멀리서 미사일을 쏴서 미국 해군을 공격할 수 있고 미국 해군은 그것을 공격할 무기가 없습니다. 이 상황을 타파하고자 하는 발상입니다. 구체적으로 내용을 들여다보면, 제2차 세계대전 이후 지금까지 만들지 않았던 배수량 1만 5,000톤급 이상의 대형 수상 전투함을 만들고 거기에 크고 무거운 장거리 극초음속 미사일과 고출력 레이저, 레일건 같은 차세대 무기들을 탑재하겠다는 계획입니다.

중국을 향해 미사일 공격에는 미사일로 대응하겠다는 의지를 보이는 것입니다. 둥펑 미사일 사거리 밖에서 중국을 타격하겠다는 겁니다. 최소한 대만전에서 미국이 중국을 위협할 수 있는 수단을 갖추겠다는 의도입니다. 미국의 현재 무기 체계에는 약점이 한 가지 있습니다. 미군에게는 재래식 탄두를 장착한 중거리 극초음속 미사일이 없습니다. 1987년 소련과 미국이 전략

무기 감축 협정을 하면서 미국은 사거리가 500~5,500킬로미터 수준의 미사일의 개발과 배치를 금지하는 중거리 핵전력 조약에 가입했습니다. 그사이 중국이 그 틈을 파고들어 그런 미사일을 만들고 이를 이용해 미국 해군을 위협하고 있습니다.

2010년 이후 중국이 빠르게 해군력을 증강할 수 있었던 비결은 양적 기준으로 세계 1위로 부상한 민간 조선 능력을 해군력 강화에 적극 활용했기 때문입니다. 중국 국영 조선 그룹들은 전통적으로 방산 부문이 매출의 20% 이내를 차지하는 구조였습니다. 주력은 상선 건조였습니다.

하지만 2010년 이후 중국 해군이 대대적인 현대화 프로그램을 시작하면서 판도가 바뀌었습니다. 수상함 건조 척수가 급증했고, 현재 세 척의 항공모함을 건조하여 운용 중입니다. 전 세계에 전력을 분산 배치해야 하는 미국 해군과 달리, 중국 해군은 동아시아 바다에 집중할 수 있습니다. 이 지역에서만 보면 중국이 3배 이상의 수적 우위를 확보하고 있습니다.

개별 함정의 기술 수준도 많이 향상되었습니다. 스텔스 구축함, 대형 상륙함, 최신 대함 미사일, 대형 잠수함 등 중국 해군의 전투력은 양적 팽창과 질적 도약을 동시에 이루고 있습니다.

한국 조선소들은 방산 분야와 상선 분야가 엄격하게 분리되어 있지만, 중국 국영 조선소들은 그런 구분이 한국만큼 철저하지 않습니다. 안벽에 계류된 LNG선 바로 옆에서 최신형 구축함 마무리 작업을 하는 식입니다. 상선 분야에 적용된 최신 기술과 대형 건조 설비들을 해군 배 건조 작업에 그대로 활용하고, 숙련된 기술자들도 그대로 활용합니다. 그 결과 상선을 대량 건조하듯이 해군 배도 대량 건조하고 있는 게 중국 조선소들입니다.

미국의 네 가지 제안

미국이 동맹국과의 협력을 결심하게 된 배경에는 중국의 성공 사례가 있습니다. 중국은 '국수국조國輸國造', 즉 자국 화물은 자국 선박으로 운송한다는 전략으로 해운업과 조선업을 동시에 강화했습니다. 이제 미국도 비슷한 전략을 추진하고 있습니다.

셰일 혁명 이후 미국은 에너지 수출 대국으로 변모했습니다. 원유, 정제유, LNG를 합치면 연간 3.5억 톤이라는 엄청난 규모의 에너지를 수출합니다. 그런데 이 막대한 물량을 전량 해외에서 건조된 화물선으로 처리하고 있습니다. 미국 국적기를 단

배도 있지만, 그 배들조차 대부분 한국이나 중국 조선소에서 만들어진 것들입니다.

트럼프 행정부는 이 상황을 바꾸려 합니다. 미국산 화물은 미국산 배로 수출해야 한다는 의무를 단계적으로 도입하고 있습니다. 2029년부터 미국산 LNG의 1%를 미국에서 건조하여 미국 국적기를 단 선박으로 운송하도록 의무화하고, 2047년에는 이 비율을 15%까지 확대한다는 계획입니다.

미국의 에너지 수출량(2015년~2024년).

겉보기에는 단순한 보호무역처럼 보이지만, 실상은 다릅니다. 미국의 에너지 안보와 조선업 재건, 그리고 군력 증강을 하나로 묶는 전략입니다. 에너지 수출로 돈을 벌면서 동시에 조선소를 살리고, 그 조선소에서 군함도 빠르게 건조하겠다는 구상입니다.

이러한 배경에서 2025년에 미국은 동맹국과의 협력 방안을 구체화했고, 네 가지 제안을 내놓았습니다. 첫 번째는 해외 동맹국에 유지보수maintenance, repair, and overhaul, MRO를 맡겨 수행하게끔 하고, 미국 본토 조선소는 신조에 전념하자는 제안입니다. 지금 미국 함대 자체도 상태가 안 좋습니다. 수리가 잘 안되고 있습니다. 그러니 가능한 부분은 외국에 맡겨서 조치가 필요한 배들을 빠르게 수리하자는 겁니다. 이것은 2019년 미국 해군 7함대 기지가 있는 일본에서부터 실행되었습니다. 2024년부터는 우리나라도 여기에 참여했습니다. 2025년 11월 말 기준 두 척을 수리 완료했고, 새로운 수리 건이 계속 들어오고 있습니다.

두 번째는 해외 동맹국이 미국 본토 조선소를 인수한 후 생산시설 현대화와 기술 전수를 통해 역량을 강화한다는 제안입니다. 현재 미국 조선소 중에는 제2차 세계대전 때의 크레인을 여전히 사용하고 있는 곳도 있습니다. 현대식 조선 생산과는 맞지 않습니다. 시설 투자를 해야 하는데 미국 조선소는 돈이 없습니다. 그래서 외국 조선소가 와서 미국 조선소를 인수하고 돈을 투자하면 물량을 주겠다는 것입니다. 한화오션의 필리조선소 인수가 바로 이 모델입니다.

이 두 가지 제안은 미국에서 배를 만드는 것을 전제로 한 제안입니다. 그럼 이 두 가지 정책을 지금까지 시행하지 않았느냐고 물으면, 해왔습니다. 특히 두 번째 방법은 20년 이상 해본 방법입니다. 호주, 싱가포르, 이탈리아, 영국 등의 여러 회사가 1999년 이후 미국에 진출하여 조선소를 인수하기도 하고 아예 새로 만들어서 미국 해군 배를 지어보았습니다. 하지만 기대한 만큼의 효과는 없었습니다. 미국 내 조선업 기반 자체가 그리 튼튼하지 못했기 때문입니다. 그래서 세 번째, 네 번째 제안이 등장합니다. 미국의 실정법이나 규정과는 좀 어긋나지만, 배를 동맹국과 미국이 공동으로 건조하자는 것입니다.

먼저, 세 번째 제안은 동맹국으로부터 핵심 모듈(블록)을 수입하는 형태로 공동 건조하자는 제안입니다. 미국 안에서 처음부터 배를 건조하려면 시간이 너무 오래 걸리니 모듈화해서 가져오자는 것입니다. 군함은 아니지만 F-35가 이러한 방식으로 공동 개발된 전례가 있습니다. 그리고 네 번째 제안은 아예 외국에서 검증된 설계 도면을 수입해 와서 미국에서 생산만 하자는 것입니다. 앞서 언급한 호위함이 이 사례입니다. 그런데 이 네 가지 제안 중에 없는 것이 있습니다. 외국에서 군함을 완전히 다 만들어서 들여오자는 선택지입니다.

그 이유를 이해하기 위해서는 '존스 법Jones Act(1920년 상선법)'을 알아야 합니다. 이 법에는 이러한 항목이 포함되어 있습니다. "미국 해군 함정은 반드시 미국 내 조선소에서 건조되어야 한다." 이 법은 100년 넘게 미국 조선업과 해운업을 보호해 왔지만, 동시에 국제 경쟁력 저하의 주요 원인으로 지적되고 있습니다. MASGA는 이 법의 테두리 안에서 가능한 협력 방안을 모색하는 것이며, 네 가지 제안 중 '외국에서 완성된 배를 들여오는' 옵션이 없는 것도 이와 무관하지 않습니다. 최근에는 동맹국에 한해 이 법의 예외를 허용하고자 하는 움직임도 있습니다.

그러나 쉬운 이야기는 아닙니다. 외국에서 군함을 완전히 다 만든다는 것이 국가 입장에서는 위험한 선택이라는 점은 조금만 생각하면 너무 당연한 이야기입니다. 미국 안에서도 군함

짓는 데 시간이 오래 걸리는 이유 중 하나는 작업자들의 신원 조회 때문입니다. 스파이인지 아닌지 사돈의 팔촌까지 체크해서 걸러진 사람만 투입할 수 있습니다. 신원에 문제가 없는 작업자를 확보하는 것은 미국 안에서도 간단치 않은데, 외국에서 배를 짓는다면 어떤 사람을 어떻게 투입해야 할지, 정보 보안을 유지하면서 배를 효율적으로 짓는 게 쉽지 않다는 어려움이 있습니다.

배를 짓는 노동자가 알아낼 수 있는 비밀이 중요할까요? 그렇습니다. 첫 번째로 생각할 수 있는 것은 배 프로펠러에서 나오는 음문acoustic signature입니다. 말 그대로 소리의 특성인데, 이건 프로펠러 사진만 찍어도 알아낼 수 있습니다.

음문이란 모든 선박이 가진 고유한 소리 지문입니다. 프로펠러 회전음, 엔진 진동, 펌프와 기계 작동음이 복합되어 독특한 음향 패턴을 만듭니다. 이것이 현대 해전에서는 생사를 가르는 정보가 됩니다.

잠수함은 소나로 수중 음파를 듣고 음문 데이터베이스와 대조하여 함선을 식별합니다. 프로펠러의 소리 특징을 알면 교전할 때 잠수함이 소나만 들으면 어느 해군의 어느 함급인지 파악할 수 있습니다. 그것을 어뢰에 입력하고 쏘면 어뢰가 알아서 맞습니다. 현대 어뢰는 발사 후 사전 입력된 음문 패턴을 스스로 찾아 자동으로 표적에 접근하며, 음향 기만 장치와 실제 표적도 구별할 수 있습니다.

미국 해군은 전 세계 대양에 무인 심해 청음 기지를 운영하며 지나가는 모든 배의 소리를 녹음하고 분류합니다. 평시에는 정보를 축적하고, 전시에는 적 함선의 위치와 움직임을 실시간으로 파악하는 전략 자산입니다. 역사적으로도 베트남전에서 소련이 미국 구축함 음문을 북베트남에 제공해 어뢰 명중률을 높였고, 냉전 시대에는 미국이 소련 잠수함 음문을 확보해 추적 능력에서 압도했습니다. 지금 중국은 어선과 해양 조사선을 동원해 미군 함대 음문 수집에 총력을 기울이고 있습니다.

프로펠러 형상만 알면 음문을 대부분 추론할 수 있기 때문에, 모든 해군의 음문은 1급 군사 기밀입니다. 림팩 같은 동맹국 훈련 때도 음문 정보는 맨 마지막에 교환하며, 그마저도 프로펠러에 무언가를 붙여 노이즈를 일으켜 가짜 데이터를 주는 위장 공작을 합니다. 그 정도로 중요한 비밀입니다.

두 번째로, 현대 전쟁은 정보전입니다. 안에 컴퓨터, 레이더 같은 것을 운용하는데, 누군가 들어가서 몰래 악성 코드를 심어

놓고 나올 수 있습니다. 나중에 전쟁할 때 특정 코드를 활성화시켜 적국 함선의 컴퓨터와 레이더가 먹통이 돼버리면 승패는 바로 결정됩니다.

군함 건조 현장 내에서도 기밀 구역이 따로 있습니다. 일반 선체 외장 작업장, 기계 작업장은 별개이고, 무장 체계가 설치된 곳과 그것을 통제하는 작전 상황실은 문이 이중으로 되어 있고 24시간 해군이 보초를 섭니다. 그 정도로 비밀이 엄격합니다. 저 같아도 외국에 맡기는 것은 쉽지 않을 것 같습니다.

협력하는 나라, 우리나라 사람들이 미국 해군 함선 건조에 참여하게 되면 중요한 비밀이 노출될 수 있습니다. 설령 일부 모듈 건조에만 참여한다고 해도 마찬가지입니다. 이것은 참 어려운 문제입니다. 신뢰 관계가 매우 중요하고, 이것은 단순히 돈의 문제만이 아닙니다.

우리는 MASGA 이야기를 하면서 일본을 무시하는 경향이 있습니다. 한국 조선업이 20년 전에 일본을 추월했고, 그 이후 일본은 정체 또는 쇠퇴하고 있다고 보기 때문입니다. 그러다 보니 일본 조선업을 거의 없는 것처럼 취급하기도 합니다. 하지만 미국 제7함대 기지는 일본 요코스카에 있습니다. 미국은 일본에서 함대 기지를 운영한 지 수십 년이 되었고, 일본 해상자위대나 일본 조선소 사람들은 미국 해군과 교류를 오랫동안 이어오면서 다양한 협력 관계를 유지했습니다. 미국 해군이 해외 조선소에 전투함의 MRO를 처음 의뢰한 것도 일본 미쓰비시 중공업의 요코하마 조선소였습니다. 요코스카 미국 해군 기지와 요코하마 조선소는 차로 30분이면 갈 수 있는 거리이니, 미국 해군으로서는 협업하기에 여러모로 편리합니다.

미국 해군 입장에서 생각해 보면 친숙한 일본 조선소에 일을 맡기려는 의향을 가질 수 있습니다. 우리는 미국 해군 배를 만들어 본 적이 없고, 미국 해군 배 중 비전투함의 수리 작업을 이제 2년 해봤을 뿐입니다. 전투함의 대규모 보수 작업까지 해본 일본과 우리의 격차는 상당합니다. 미국 해군은 이탈리아 해군, 이탈리아 조선소, 일본 해상자위대, 일본 조선소와 오랫동안 교류하고 협력했지만, 우리나라는 이제 시작입니다.

K-조선이 대단하니까 미국 해군이 우리밖에 대안이 없을 것이라고 생각하는 것은 우리만의 생각입니다. 그렇다면 왜 한국에 와서 협력하자고 할까요? 일본과 하면 되지 않을까요? 우리가 일본보다 매력적인 선택지이기 때문이 아닙니다. 이미 다른

나라에서는 손을 떼려고 하고 있기 때문입니다. 이미 일본은 미국에서 배를 건조하는 건 너무 어렵고 위험한 일이라고 손사례를 치고 있습니다. 마찬가지로 전투함과 크루즈선 등 특수선 분야에서 뛰어난 경쟁력을 갖춘 이탈리아에서도 미국 조선업 부흥 프로젝트에 대해 시큰둥한 반응을 보이고 있습니다. 왜일까요? 이미 실패의 쓴맛을 봤기 때문입니다.

이탈리아를 대표하는 조선업체인 핀칸티에리Fincantieri는 2008년 미국에 진출하여 기존 조선소를 인수하고 다양한 미국 해군 배를 지었습니다. 하지만 수익을 내지 못하고 고전하고 있습니다. 일본은 미 제7함대 배를 수리도 해보고 옆에서 오랫동안 봤습니다. 이것이 얼마나 복잡하고 어렵고 힘든 배인지 알고 있습니다. 일본 조선업의 여력도 부족합니다. 최첨단 군함의 설계와 프로젝트 관리를 하려면 많은 설계와 고급 엔지니어들이 필요한데 일본에는 그런 인력들이 많이 부족합니다. 경력이 많은 일본의 고급 조선 엔지니어들은 오랜 세월 자국 선주들의 주문을 주로 처리해 왔기 때문에 영어로 일을 하는데 부담을 많이 느낍니다. 일본 입장에서는 "우리가 미국 군함을 잘 아는데, 일본에서 건조를 하라고 해도 쉽지 않은데, 우리가 미국 가서 지으라고? 안 하겠다"라는 것입니다.

미국 해군 배를 잘 아는 일본의 신중함을 눈여겨봐야 합니다. 한미 조선 협업과 대미 투자를 미국과의 협상 카드로 쓰는 것은 좋습니다. 하지만 정말로 미국 해군 배가 얼마나 어려운지, 미국 해군이 우리에게 전투함 건조 작업을 줄 것인지 안 줄 것인지, 어떤 배를 지을 만한 것인지 정말로 신중하게 판단해야 합니다. 자칫 고생은 고생대로 하고 손해만 볼 위험도 있습니다.

미국 조선소들이 미국 해군 배를 지으면서 자신들의 이익을 확보하는 특이한 방법이 있다고 말씀드렸습니다. 체인지 오더라는 것입니다. 미국이 대략 15년 전부터 자기 조선소들만 가지고는 문제 해결이 안 되니 외국 조선소를 많이 불러들였습니다. 호주 오스탈Austal이 미국에 진출해 조선소를 새로 짓고 여러 주문을 소화했었고, 이탈리아 핀칸티에리도 똑같이 했는데 둘 다 큰 재미를 못 봤습니다.

왜 그랬을까요? 미국 해군이 미국 조선소와 외국 자본 조선소를 똑같이 취급할까요? 아무래도 차이가 있습니다. 그리고 미국 정부가 외국 조선소들의 대미 투자를 유도하면서 이야기했던 레퍼토리가 있었습니다. 네가 너희 나라에서 그동안 잘해왔던 것

핀칸티에리가 수주한 컨스텔레이션 클래스 호위함 디자인.

을 미국에서 와서 그대로 하면 된다는 이야기였습니다. 그런데
정작 미국에 가보니까 상황이 많이 다릅니다. 자국 해군과 일할
때와는 차이가 컸습니다.

핀칸티에리가 수주한 호위함 사례를 보면, 처음 계획된 배
는 앞의 이미지에서 파란색 실루엣의 배였습니다. 그리고 완성된
게 이 흰색의 배입니다. 미국 해군이 가져와서 설계를 바꿨는데,
결정적으로 배가 길어졌습니다. 배가 길어지고 마스트 형상도
바뀌고 프로펠러도 바뀌고 무게도 늘어났습니다. 한마디로 배가

다 바뀌었습니다. 핀칸티에리 입장에서는 어떻습니까? 심한 말로 사기당한 것입니다. "분명히 파란 배를 가져가서 나한테 발주를 많이 준다고 해서 시작했는데, 왜 하얀 배를 지으라는 거냐?" 처음에는 설계의 80%를 유지하겠다는 계획이었는데, 나중에 보니 85%가 바뀌었습니다. 결국 20척을 기대하고 시작된 프로젝트가 두 척으로 종결되어 버렸습니다. 공기는 지연되고 비용은 증가하고 조선소는 온갖 비난을 다 들어야 했습니다. 표면적으로는 미국 해군과 핀칸티에리가 합의해서 호위함 프로젝트를 두 척으로 끝내고 새로운 프로젝트를 논의한다고 발표했지만, 그 새로운 프로젝트에서 이런 문제가 재발하지 않는다고 누가 보장할 수 있겠습니까? 미국 해군의 발주 관행을 오랫동안 연구해 온 미국의 여러 전문가들이 이런 이유로 미국 조선소의 문제보다 미국 해군의 문제가 더 심각하다고 지적하는 것입니다.

이런 사례들이 한국 조선업계에 주는 교훈은 분명합니다. 우리가 조선 강국이고 기술력이 뛰어나니 다른 나라보다 더 잘할 수 있다는 자신감은 위험합니다. 자칫하면 고생은 고생대로 하고 비난만 듣다가 투자비를 고스란히 날릴 수 있습니다.

한국이 고려해야 할 것들

조선소가 설비 투자를 하고 인원을 고용하려면 안정적인 건조 물량 확보가 필요합니다. 배 가격보다 물량이 더 중요합니다. 예를 들어 1년에 여섯 척 짓는 조선소는 공정이 어느 정도 평준화됩니다. 철판을 잘라 블록 만드는 사람이면 2개월 동안 1번함 블록 만들고 다음 2개월은 2번함 블록 만드는 식으로 일이 이어집니다.

그런데 이 조선소가 엄청 비싼 배를 1년에 한 척씩 만든다면 어떻게 될까요? 한 사람이 2개월 일하고 그다음 일은 10개월 후에 생깁니다. 이런 식이면 이 조선소는 이 사람의 고용을 유지할 수 없습니다. 일이 없으니 다른 데로 가버립니다. 그러면 조선소 역량이 성장하지 못합니다. 배 한 척이 많이 비싸니 이익이 많이 남을 것 같지만 그렇지 않습니다. 주문량이 한 조선소당 일정 이상 확보되어야 하며, 또 꾸준해야 합니다.

지금까지 미국 해군이 조선소에 못 해준 것이 바로 그것입니다. 미국 조선소에 물량이 뜨문뜨문 들어옵니다. 어렵사리 수주한 배의 건조 공정이 계속 늘어지니 손해는 안 보게끔 돈(체인지 오더)은 더 받지만, 그사이 숙련공들은 일거리를 찾아 다 나가버립니다. 숙련공이 없으니 다음 배를 수주해도 공기와 품질을 보장할 수 없습니다. 설비 투자는 생각하기 어렵습니다. 오랜 세월 여러 배를 수주하고 지어와도 조선소 실력은 제자리인 상태에서 시설은 낡고 조직의 사기는 땅에 떨어집니다. 짓는 배마다 계획대로 안 되기 때문입니다.

MASGA 프로젝트를 하는 것이 우리나라 조선업체 입장에서 독이 될 수도 있습니다. 어떤 기사를 보니 미국 최신 구축함과 우리나라 최신 구축함을 일대일로 비교하고 있었습니다. 비슷한 사양인데 미국은 획득 비용이 2조 원이고 우리는 1조 원 좀 넘습니다. 우리는 엄청 배를 싸게 잘 짓는 거 아니냐고 생각할 수 있지만, 사실 이것은 여러 가지를 다각도로 살펴봐야 합니다.

우리나라는 구축함을 블록 공법으로 짓고, 배를 지으면서 선행 의장을 많이 합니다. 앞에서 설명한 대로 배를 지으면서 동시에 그 안에 들어가는 각종 기계들을 설치하면서 만듭니다. 미국은 그렇게 만들지 않습니다. 미국은 일단 배의 외장을 다 만든 다음 위에 다시 구멍을 뚫고 가스터빈이든 미사일 발사대든 다 집어넣고 다시 뚜껑을 덮습니다. 공법이 서로 다릅니다.

우리가 미국에 가서 이런 공법을 하겠다고 했을 때 미국 해군이 수락할까요? 우리나라 해군도 옛날에 조선소의 블록 공법에 대해 안 된다고 했습니다. 왜 우리나라 해군이 안 된다고 했을까요? KDX-III라고 불리는 한국 최초의 이지스 구축함을 지을 때의 이야기입니다. 고성능 레이더와 슈퍼컴퓨터로 구성되는 이지스 시스템은 동시에 수십, 수백 개의 표적을 추적하고 요격할 수 있는 첨단 구축함의 핵심 장비입니다. 이 시스템은 미국에서 사 와야 합니다. 이지스 시스템을 공급하는 미국 회사는 이것이 매우 정밀한 시스템이어서 배의 외장을 다 지은 다음 설치해야 하며, 한국식 선행 의장 방식으로는 성능을 보장할 수 없다고 엄포를 놓았습니다.

우리 조선소로서는 그렇게 되면 도저히 목표 공기와 원가를 맞출 수 없었기 때문에 미국의 공급사와 해군을 설득하기 위해 엄청나게 노력했습니다. 결국에는 우리 조선소들이 성능에 대한 최종 책임을 지기로 하고 블록 공법을 적용해서 배를 만들었습니다. 다행히 배가 잘 만들어졌고 이지스 시스템이 정상 작동했지만, 우리나라 해군은 비싸게 사들인 이지스 체계가 작동하지 않으면 어쩌나 계속 걱정했습니다. 만약 우리가 미국에 가서 미국 해군에게 "우리 군함 잘 만듭니다, 우리는 다 블록 공법으로 이렇게 합니다"라고 해도, 미국 해군이 한국에서는 한국 방식대로 하되 미국에서는 미국 방식을 따르라고 요구하는 순간 우리는 1조 원으로 이지스 구축함을 건조할 수 없게 됩니다. 건조 방법이 다르기 때문입니다.

물론 지금 현업에서 일하는 분들은 이런 문제들을 어떻게 풀어야 할지 고민하고 다양한 가능성들을 계산하고 있습니다. 이것을 가서 직접 지을까, 여기서 지을까, 비전투함을 어디서 지을까, 미국에 우리가 무엇을 해줄까 고민하지만, 간단한 문제가 아닙니다. 돌아가는 상황을 살펴보고 미국 해군과 구체적인 논의를 해봐야 합니다.

결국 미국 해군이 원하는 배가 최첨단이고 복잡하고 어렵다는 것, 이것이 미국 조선업과 그들을 도우려는 우리 조선업이 풀어야 하는 가장 근본적인 이슈입니다. 전력화 작업과 시운전을 마치고 2025년 11월에 정식으로 취역한 중국 해군의 세 번째 항공모함인 푸젠함Fujian을 보겠습니다. 푸젠함이 취역하기 두 달 전인 9월, 전 세계가 놀랐습니다. 이 배에는 수평 활주로가 설치되어 있고, 거기에는 비행기를 날려 보내는 사출기가 달려 있습니다. 특이한 점은 푸젠함의 사출기가 기존과는 다른, 전자석을 이용하는 방식이라는 점입니다.

항공모함 갑판은 일반 군 공항의 활주로보다 짧습니다. 물에 떠서 운항하는 배의 특성과 구조적인 특성으로 갑판 길이는 최대 330미터 정도로 제한됩니다. 이 정도 갑판의 활주로 길이로는 비행기가 자체 힘만으로는 이륙할 수 없습니다. 그래서 새총으로 고무줄 쏘듯이 비행기에 고리를 걸고 갑판 밑 장치가 비행기를 확 날려버립니다. 이 기계를 사출기라고 하는데, 이 기계 성능이 세면 셀수록 출격시키는 비행기에 연료와 무기를 더 많이 실을 수 있습니다. 5세대 스텔스 전투기가 무겁고 크다면 사출기 성능이 좋아야만 항공모함에서 이륙할 수 있습니다.

그동안은 미국 해군 사출기 성능이 최고였습니다. 증기를 이용해서 사출했는데, 이 방식에는 몇 가지 단점이 있습니다. 밸브를 여는 순간 '쾅' 하는 폭발적인 힘으로 기체를 밀어내므로 충격으로 인해 항공기 수명이 단축되고, 고온 다습한 증기로 인해 부식 문제가 심해 정비 소요가 많았습니다. 또한 세밀한 출력 제어가 어려워서 가벼운 무인기나 드론을 발사하기에는 적합하지 않았습니다. 이러한 사출기의 성능은 항공모함 전력의 핵심입니다. 만약 A 항공모함은 10분 만에 비행기 30대를 날려 보낼 수 있는데 이와 교전하는 B 항공모함은 10분 동안 10대밖에 못 보내면 승패는 뻔합니다. 항공모함이 얼마나 크고 거기에 비행기를 몇 대 적재하느냐도 중요하지만, 최대한 빨리 많은 무장과 연료를 적재한 전투기를 얼마나 빨리 하늘로 날려 보내느냐가 실전에서는 가장 중요합니다.

현대전에서는 무인기, 드론, 전통적인 함재기, 5세대 함재기, 대잠수함 초계기, 조기 경보기 등 다양한 항공기를 사출기가 무리없이 처리할 수 있어야 합니다. 그래서 기존 증기 사출기로는 한계가 명확하여 이를 극복하기 위한 노력이 이어졌습니다. 미국 해군이 니미츠급에서 포드급으로 주력 항공모함들을 바꾸면서 가장 주력으로 강화한 장비가 사출기입니다. 증기식 사출기의 단점을 극복할 수 있는, 자기부상열차에서 사용하는 리니어모터를 활용한 전자식 사출기로 바꿨습니다. 공급 전력만 충분하다면 전자식 사출기는 증기식 사출기보다 더 빨리 더 많은 항공기를 출격시킬 수 있습니다. 문제는 이 전자식 사출기가 복잡하고 어려운 기계라서 미국 해군도 설치하고 안정화시키는 데 몇 년이 걸렸습니다.

중국의 세 번째 항공모함인 푸젠함은 중국 해군이 확보한 항공모함 중 수평 갑판을 채택한 최초의 항공모함입니다. 1번함과 2번함은 사출기 대신 스키 점프대 형상의 활주로를 설치했습니다. 스키 점프대 형상의 활주로를 이용할 경우 연료와 무장을 충분히 전투기에 실을 수 없고, 비행기 자체가 큰 조기 경보기는 아예 이륙이 불가능한 문제가 있습니다. 그래서 푸젠함부터는 수평 갑판에 사출기를 적용했는데, 과감하게 전자식 사출기를 바로 적용했습니다. 미국 해군은 자신들도 전력화하는 데 수년이 걸렸는데 중국은 단번에 채택했다면서 놀라워했습니다. 중국이 과감하게 채택한 전자식 사출기는 실전에서는 사용 불가능한

2025년 11월, 중국의 세 번째 항공모함 푸젠함 취역식 현장.

보여주기식 기술에 불과하다는 평가도 있었지만, 2025년 9월 중국은 실제로 5세대 전투기와 조기 경보기를 푸젠함에서 발진시키는 데 성공했습니다. 이들 함재기는 크고 무거워서 중국의 항공모함에서는 이륙이 불가능하다고 봤는데 해낸 것입니다.

미국은 중국이 이 항공모함을 짓는 데 들어간 예산이 미국의 절반이고, 기간도 절반 이하라는 점에 깜짝 놀랐습니다. 중국이 이런 항공모함을 지금은 재래식 디젤 엔진으로 만들었습니다. 그런데 짓고 있는 네 번째 배는 핵 항공모함입니다. 크기가 미국의 최신형 항공모함인 포드급과 똑같습니다. 핵 항모 세 척의 건조를 서둘러 진행해서 2035년까지는 모두 전력화하겠다는 게 중국 해군의 목표입니다. 4번함은 다롄조선소에서 건조 작업이 시작되었고, 5번함과 6번함도 조만간 짓겠다고 합니다.

미국 입장에서 중국의 핵 항모 전력 강화는 정말 큰일입니다. 미국 해군의 지금까지의 관행, 미국 내의 여러 가지 법적 문제, 이것을 일부는 우회해야 한다는 목소리가 높아지고 있습니다. 전부 다 고려해서 하기에는 상황이 녹록지 않습니다.

미국은 공군에는 보잉, 록히드 마틴 같은 세계적인 항공기 제작업체와 방위사업체가 있어서 압도적 성능의 전투기를 만드는데, 배 쪽으로는 그런 회사가 없습니다. HII Huntington Ingalls Industries라는 방산 그룹이 있고 수상함 쪽에서는 독보적 1위는 맞습니다. 하지만 조선소는 군함만 지어서는 조선 실력이 유지되지 않습니다.

앞서 말씀드린 대로 군함은 너무 복잡하고 어렵고 한 척 만드는 데 시간이 너무 오래 걸리고 발주량 척수가 적기 때문에, 상선과 군함을 섞어서 짓거나 함께 해야만 조선소의 종합적인 역량이 유지됩니다. 미국 조선소는 상선 역량이 너무 약합니다.

중국 조선업 전체가 지금 전 세계 건조 능력의 약 50%를 차지하고 있습니다. 중국 단일 국가가 50%입니다. 미국은 0.04%입니다. 재미있는 표현인데, 중국이 2024년에 만든 상선 척수는 미국 전체가 제2차 세계대전 이후에 만든 전체 상선 척수보다 많습니다.

미국의 조선소 전체가 대형 상선을 1년에 다섯 척도 못 만드는데, 중국은 1년에 대형 상선을 1,000척 이상 만듭니다. 결국 미국 해군력 격차의 근원은 중국 조선업이 너무 강하다는 데 있습니다. 압도적 산업 생산력으로 제2차 세계대전에서 승리했던 미국이 이제는 조선 분야에서는 중국에게 압도적으로 뒤처진 상황입니다. 그래서 미국은 양면 작전을 펼치고 있습니다. 한편에서는 한국이 제안한 MASGA로 미국 조선업을 강화하고, 동시에 중국 조선업을 여러 제재 수단을 동원해 억누르려 합니다. 지금 이야기한 것과 같은 구도라면 우리나라는 미국 조선 역량 재건과 해군력 강화에 깊이 관여하게 될 것이며, 중국은 이를 경계하고 막으려 할 것입니다.

중국의 대응과 한국이 직면한 딜레마

중국은 이미 한국을 향해 경고하고 있습니다. MASGA 하지 말라고 공식 성명으로도 발표했습니다. 이미 미중 양국의 조선 역량 격차는 돌이킬 수 없을 정도로 벌어졌기 때문에 한국이 미국을 도와봤자 효과도 없고 승패에 영향을 주지 못하니 한중 관계를 고려해 참여하지 말라는 내용이었습니다.

　　2025년 10월 14일 중국을 겨냥한 미국무역대표부(USTR)의 조사에 협력했다는 이유로 한화오션의 미국 소재 계열사들을 제재 목록에 올리고, 중국 조직·개인과의 협력·거래를 전면 금지하는 일이 있었습니다. 제재 대상에는 한화그룹이 지난해 인수한 미국 필라델피아 소재 조선소 한화 필리조선소를 비롯해 한화쉬핑, 한화오션USA인터내셔널, 한화쉬핑홀딩스, HS USA홀딩스 등이 포함됐습니다. 미국이 중국 조선업과 해운업을 규제하는 데 있어서 한화오션의 미국 자회사들이 일조했으니 보복한다는 명분이었습니다. 중국의 모든 기업이 한화오션의 미국 자회사들과 거래하지 말라고 한 것입니다.

중국은 양국 조선역량의 절대적 격차를 미국이 인식하고 서태평양에서 미국이 점진적으로 철수하길 원합니다. 그 결과 대만이 두 손 들고 항복하고 중국이 무혈 입성하는 게 그들의 큰 그림입니다. 중국도 사실 실제로 부딪혀 피해를 입는 걸 원하지 않기 때문입니다. 한국이 여기서 미국 해군 조선업 재건에 참여해 한국산 군함이 미국으로 가고 미국에서 신형 군함들이 쏟아져 나온다면, 중국의 전략에 차질이 발생합니다. 이 구도에서 미국은 외통수입니다. 패권을 지키려면 반드시 문제를 해결해야 합니다. 태평양으로 중국이 슬슬 밀고 나오는데, 해군 함선은 부족하고 해군력 증강 레이스에서 스스로의 힘만으로는 어렵습니다. 한국의 도움이 필요합니다. 미국은 상당히 절실한 상황에 처해 있습니다.

MASGA가 과연 사업적으로 타당한지, 돈이 되는지에 대해 많은 의견들이 있습니다. 미국의 절박한 상황을 감안하면 어쨌든 돈이 될 거라는 기대들이 높습니다. 미국은 국가의 운명이 걸린 일이라, 최신 함선들을 한국의 도움으로 빨리 지어야 하는데 한국이 "못 하겠습니다" 했을 때 주도권은 결국 우리에게 있다는 논리입니다. 미국 해군 배를 건조하는 일은 어렵지만, 절박하고 아쉬운 건 지금 미국입니다. 10년 동안 예산도 늘려봤고, 해외에서 미국으로 들어온 호주, 영국, 이탈리아 조선소들도 상황을 바꾸지 못했습니다. 동맹국 중 진정한 조선 강국이라고 할 수 있는 한국과 일본 중 적어도 하나는 반드시 잡아야 합니다. 법을 바꾸든, 돈을 더 주든 어떻게 해서라도 동맹국의 조선소들을 미국 함선 건조 일에 더 많이 참여시켜야 하니, 결국 여기에 참여하는 조선소들로서는 결국 좋은 비즈니스가 될 거라는 기대들이 많습니다.

미국 함선 시장에 반드시 참여해야 하고, 하다 보면 향후 큰 이익을 볼 수 있다고 판단한 기업들도 있습니다. 미국은 외통수고 우리밖에 대안이 없다고 생각하며 열심히 미국에서 사업을 진행하고 있습니다. 하지만 미국 내에서는 미국 해군력 증강에 대해 전혀 다른 결의 해법들도 제시되고 있음을 인지해야 합니다. 미국 조야에서 상당한 영향력을 가진 유명 인사들 중 오래된 해군 문제에 대해 전혀 다른 해결책을 제시하는 사람들이 나오고 있습니다.

대표적인 사람이 일론 머스크입니다. 이것은 저의 추측이지만, 머스크가 트럼프 2기 출범 직후 정권의 실세이자 정부 효율성 위원회 위원장일 때 미국 해군력 강화 방안을 두고 트럼프 대통령은 물론 국방부 실무자들과도 깊이 상의했을 것으로 봅니다. 정부 효율화 위원회에서 국방부 감사를 진행하면서 머스크가 여러 발언을 쏟아 냈는데, 요지는 드론과 AI 기술의 발전을 감안할 때, 이제 완전히 새로운 개념의 해군으로 변모해야 한다는 겁니다.

해군 역사를 보면 20세기 전반은 더 크고 더 강력한 함포로 무장한 군함을 확보하기 위한 경쟁이 치열했습니다. 영국은 1906년 고출력 스팀터빈, 거대한 10문의 함포, 두꺼운 철판으로 중무장한 드레드노트급 전함을 최초로 확보했습니다. 이전의 군함들보다 함포 사정거리는 2배에 달하고, 속도는 1.5배 빠른 이 배는 다른 함선들을 압도하는 게임 체인저였습니다. 특히 함포가 크고 거대할수록 더 멀리서 상대방을 타격할 수 있으니, 이후 모든 국가의 해군들은 더 큰 함포를 탑재한 더 큰 전함들을 확보하려고 사력을 다했습니다. 이를 거함거포주의巨艦巨砲主義라고 합니다. 거함거포주의의 끝판왕은 제2차 세계대전 당시 일본이 건조했던 야마토급 전함이었습니다. 그런데 이 전함은 별 활약도 못 해보고 허망하게 격침당했습니다. 미국 해군의 항공모함에서 발진한 뇌격기의 어뢰에 맞아 그 거대한 전함이 허무하게 격침되었습니다. 전함에 비해 크기는 1,000분의 1 이하이고 가격은 1만분의 1 이하인 항공기 공격에 거포를 장착한 거함들이 속절없이 물속으로 사라진 게 제2차 세계대전 해전이었습니다. 항공기 기술이 발달하고 이들을 항공모함을 통해 대거 전장에 투입하자 해전의 구도가 바뀌었습니다.

머스크 같은 사람들은 과거 항공기와 항공모함이 거함거포 경쟁을 끝냈듯이 이제는 무인 드론, 극초음속 미사일 같은 차세대 무기들이 미래 해군 전쟁을 바꾼다고 주장합니다. 값비싼 항공모함에 사람 몇천 명 태우는 것이 왜 필요하냐는 것입니다. 무인 고성능 드론과 극초음속 미사일을 잔뜩 실은 새로운 형태의 함대를 만들면 비용도 적게 들고 훨씬 더 효과적이며 강력할 거라 말합니다.

그리고 그 새로운 미래형 함대에는 지금처럼 크고 복잡하고 비싼 함선이 필요하지 않으며, 전혀 다른 형태의 함선들로 구성될 거라는 주장들이 구체적으로 미국의 여러 기업들에서 나오고 있습니다. 팔란티어Palantir, 안두릴Anduril 같은 기업들입니다. 이미 러우 전쟁에서 간단하고 조악한, 300만 원짜리 드론이 50억 원이 넘는 탱크들을 무력화시키지 않았냐는 겁니다. 수백 수천대의 드론과 극초음속 미사일들이 활약할 미래의 해전에서 수십억 달러 짜리 유인 함선들의 숫자를 채우는 데 자원을 집중시킬 필요가 없다는 주장은 그럴듯해 보입니다. 즉, 미국에는 기존 방식으로 기존의 함대 전력을 강화하는 것 말고도 전혀 새로운 방식의 대안도 고민하고 있음을 기억해야 합니다.

미국 같은 패권국이 잘하는 것이 무엇입니까? 패권국은 자신들에게 유리한 질서를 만들 수 있는 힘이 있습니다. 이들은 자신들에게 불리하면 게임의 규칙을, 해군 전쟁 교리를 바꿔버릴 수 있습니다. 이미 다양한 해군용 드론과 무인 함재기들이 개발 중입니다. 고성능 극초음속 미사일도 개발되고 있습니다. 미국 해군이 가까운 미래에 민간 혁신가들의 주장을 받아들여서 '정말로 AI로 무장된 고성능 드론 전쟁이 가능하다면' 그렇게 전력

편제를 바꿔버릴 가능성도 완전히 배제할 수 없습니다. '미국 해군이 외통수고 고성능 구축함과 항공모함 척수를 늘려야 하므로 우리나라가 비싸게 불러도 답이 없을 것'이라고 100% 확신할 수 없습니다.

미국 조선소를 인수하거나, 새롭게 미국에 도크를 파게 되면 쉽게 나올 수 없습니다. 발이 묶입니다. 그리고 그 과정에서 중요한 대가를 치러야 합니다. 우리가 미국 해군력 강화에 적극 뛰어들면 결국 중국의 전략적 이해와 충돌하게 됩니다. 중국은 경고도 하고 회유도 하면서 막으려고 하겠지만, 결국 우리가 MASGA에 전력투구하게 되면 강하게 나올 것입니다. 일본 총리가 유사시 대만 수호를 위해 집단 자위권 행사를 고려할 수도 있다는 발언을 한 이후, 중국의 대응을 보십시오. 노골적으로, 모든 가용한 수단을 동원해서 일본에게 경제적 피해를 주기 위해 중국은 전력을 다하고 있습니다. 우리가 중국과 심한 갈등을 겪으면서까지 미국 조선업 부활과 미국 해군력 강화를 위해 뛰어든다고 해서 미국이 우리가 피해를 보지 않도록 챙겨줄 거라 기대할 수 있을까요? 미국 믿고 돈 투자하고 배 지으러 갔는데, 미국 해군이 정책이 바뀌어서 필요 물량이 줄어들었다고 통보할 수도 있습니다. 이탈리아 핀칸티에리 조선소가 겪은 호위함 프로젝트 축소 결정은 사실 그렇게 새로운 일도 아닙니다. 미국 해군은 과거에도 이런 일관성 없는 행보를 많이 보였습니다.

유명한 사례가 있습니다. 미국 해군이 1990년대 후반에 차세대 구축함 프로젝트를 시작합니다. 어떤 배를 확보할까 고민하다가 9·11 테러가 터지고 아프가니스탄 전쟁이 터지니, 이 차세대 구축함은 해병대 상륙 작전을 지원하는 지상 목표 공격용 구축함이어야 한다고 했습니다. 비싸고 적재 수량이 한정된 미사일 대신 고성능 특수 함포를 이용해서 가성비 좋게 지원 포격을 퍼붓는 배로 설계를 했습니다. 32척 대량 건조로 획득 비용을 낮추고자 했습니다.

그런데 아프가니스탄 전쟁이 대충 끝나자 해군과 의회가 원하는 것이 바뀌었습니다. "승조원 수를 줄여서 유지보수 비용을 줄이고, 다목적으로 다 할 수 있는 배가 좋겠다. 지상 전투 지원에만 올인하는 배는 안 된다"라고 해서 사양을 변경했습니다. 해군, 공군, 해병대의 작전을 통합 지휘·통제하는 기능을 추가하고 적의 레이더에 탐지되지 않도록 스텔스 기능을 대폭 강화하라는 요구가 내려왔습니다. 조선소들이 건조 준비를 마친 상태에서 설계를 변경하게 되어 건조는 수년간 지연되었습니다. 다목적 함선으로서 최첨단 기술들을 다 집어넣다 보니 건조 비용이 치솟게 되었고, 목표 건조 척수가 점점 줄었습니다. 최초 32척이 24척, 일곱 척으로 줄더니 결국 세 척만 건조하는 것으로 바뀌었습니다.

세 척으로 건조 척수가 줄어드니 특수 함포에 들어가는 전용 포탄의 가격이 치솟았습니다. 포탄 한 발이 토마호크 미사일한 발과 맞먹게 되자 포격 지원함이라는 애초의 목표가 무의미해졌고, 미국 해군은 전용 포탄의 구매를 취소해 버립니다. 그러자 미국 해군은 배의 목적을 다시 바꿔버립니다. 스텔스 성능이 뛰어나니 은밀히 적 함선을 공격하는 배로 콘셉트를 다시 잡은 것입니다. 애써 개발하고 장착한 특수 함포를 다 뜯어내고 미사일 발사대를 설치하는 개조 공사를 했고 여기에 또 수년의 시간과 비용이 투입되었습니다. 결국 줌왈튼급 구축함은 항공모함을 제외하면 척당 획득 비용이 사상 최고로 비싼 구축함으로 남게되었고, 아직도 전력화 작업이 진행 중입니다. 각종 첨단 기술을 다 집어넣었으나 실제 어디에 어떻게 써야 할지 모호한 값비싼 실패작으로 남았습니다. 하지만 미국 해군은 "전략이 바뀌고 정

세가 바뀌면 필요한 배의 사양이 바뀔 수 밖에 없다" 라고 변명
합니다.

미국 해군에게 배를 팔고 살았던 미국 조선소들에게는 익
숙한 전개입니다. 비슷한 일들이 자주, 오랜 세월 반복되었습니
다. 대규모 발주가 예정되고, 계약을 해도 그대로 잘 진행이 안되
니 조선소 경영을 예측하기 어렵고, 설비 투자를 하고 싶어도 못
합니다. 해군 믿고 투자했다가 실제 물량이 나온다는 보장이 있
느냐는 것입니다. 미국 해군의 선박 수주가 대박이라고 생각할
수도 있지만, 복잡한 리스크가 있으니 조심해야 합니다.

우리나라 조선 3사는 이런 리스크를 잘 알고 있습니다. 거기
있는 실무자들은 저보다 훨씬 이런 이슈들에 익숙하고, 미국 해
군 프로젝트에 대해 연구를 많이 했습니다. 여러 기관에 2중 3중
으로 조사를 의뢰하고 분석해서 웬만한 내용들을 다 알고 있습
니다. 그래서 많은 고민을 하면서 리스크 관리와 수익 추구의 균
형을 잡기 위해 고생들을 하고 있습니다.

조선 3사 중에서 가장 적극적인 곳은 한화오션입니다. 한화
그룹은 MASGA 프로젝트가 가시화되기 이전에 이미 미국 조선
업 진출을 검토했었고, 여러 매물들을 검토한 후 필라델피아의

필리조선소를 인수했습니다. 그래서 한화오션의 필리조선소는 한미 조선업 협력의 상징과도 같은 곳이 되어 미국과 한국의 정치인과 관료들도 많이 방문했습니다. 그래서 양국의 조선업 협력이 진전될수록 더 많이 미디어에 노출되는 곳입니다. 그런데 한화오션의 미국 자회사들을 중국이 제재했을 때 주식 시장에서 2~3일 혼란이 있었습니다. 처음에는 주가가 푹 꺼졌다가 별것 아니라는 듯이 반등했습니다. 이 문제는 조금 더 자세히 살펴볼 필요가 있습니다.

중국이 왜 한화오션 자회사를 제재했느냐? 배경은 간단합니다. 미국 USTR이 중국 조선업과 해운업에 대해 우선 제재를 가했습니다. 미국 USTR은, 결정은 2025년 4월에 내려졌는데, 확실한 명분을 쌓기 위해 4월에 언론사들을 다 초청하여 큰 공청회를 열었습니다. 그 자리에서 미국의 조선-해운업 분야 민간 대표가 나와서 "미국이 하려는 정책이 맞고 중국 조선소와 중국 해운이 불공정하다"라고 공개 발언을 했습니다. USTR은 공청회 후 "민간이 이런 정책을 원한다"라며 6개월 유예기간을 두고 시행을 결정했습니다. 유예기간이 경과되어 미국의 대중국 제재가 시행되자, 그날로 바로 중국에서 보복 조치를 결정한 것입니다.

그 공청회 때 나와서 발언한 사람이 누구였느냐? 한화오션 자회사인 한화쉬핑의 대표였습니다. 아마 중국 입장에서는 주도세력이라고 생각하고 기분이 나빴을 것입니다. 사실 좀 아쉬움이 있습니다. 미국 해운사가 거기만 있는 것도 아닌데 왜 굳이 한화쉬핑에서 나와서 그런 말을 했을까요? 한화오션에서도 좀 아쉽게 생각할 일입니다.

일부 전문가들은 중국의 보복성 제재는 중국 회사들과 개인이 한화오션의 미국 자회사와의 거래를 금지하니, 한국의 한화오션 본사와는 무관하고, 한화오션의 미국 자회사들도 중국과 직접 거래를 하지는 않으니 별일 아니라는 주장을 합니다. 하지만 그렇게 간단히 볼 일은 아닙니다. 조선업 사례는 아니지만 과거에 이런 일이 있었습니다. 롯데가 사드THAAD 미사일의 한국배치에 애매하게 얽혀서 결국 중국에서 쫓겨났습니다. 그때 어떤 일이 벌어졌습니까? 사드를 배치하는데 결국 어디로 갔습니까? 경상북도 성주에 소재한 롯데 소유의 골프장으로 갔습니다. 그것은 롯데가 원한 것도 아니었고 미군이 정한 장소였습니다. 거기가 지리적으로 사드 레이더를 배치하기 좋았다는 게 미군의 설명이었습니다.

그런데 롯데가 그 일로 중국 당국에 찍혀서 며칠 후부터 중국 전역의 롯데마트에 소방 당국과 노동 당국이 나와서 검사한 뒤 소방법 위반, 노동법 위반을 이유로 영업 정지를 계속 부과했습니다. 이런 일을 1년, 2년 당하니 어떻게 됩니까? 막대한 손실을 떠안고 중국에서 철수하게 되었습니다. 적자가 나와서 감당이 안 되니까요. 사드로 된통 고생한 건 롯데뿐만이 아닙니다. 한국과의 거래, 문화교류를 제한하는 소위 한한령이 내려와 한국을 방문하는 중국 단체 관광객이 급감하면서 면세점, 호텔, 엔터테인먼트, 관광업계가 어려움을 겪었습니다.

마찬가지로 조선업에서도 중국 당국이 이런 카드를 쓸 수 있습니다. 지금 한화오션은 중국 산둥성에 소재한 자회사 DSSC에서 블록을 많이 만들고 있고, 삼성중공업도 중국에 블록 공급에 주력하는 자회사가 두 군데 있습니다. 이를 통해 양 사가 국내에 들여오는 블록의 양이 많을 때는 연간 80만 톤에 육박합니다. 이는 대형 상선 수십 척을 만들 수 있는 물량입니다. 우리가 한국에서 건조하는 배의 블록 중 상당수가 지금 이 순간에도 중국에서 만들어지고 있고, 우리는 그 블록들을 바지선으로 가져와 조선소에서 배 건조를 마무리하고 있습니다. 중국에서 블록을 만들어 가져온 지는 20년이 넘었습니다. 한국 조선소들이 원가를 절감하는 데 있어 중국산 블록 수입은 매우 중요한 수단입니다.

그리고 한국 대형 조선소들의 자회사들이 중국에서 운영된 지 10년도 훌쩍 넘었고 블록이 계속 한국으로 수출되고 있다는 사실은 당연히 중국 당국도 알고 있습니다. 그런데 어느 날 갑자기 소방 당국이 나가 소방 검사를 했는데 문제가 있다며 시설 폐쇄를 명령하거나 영업 정지를 걸 수 있습니다. 혹은 세관 당국이 미신고 물품이 있다는 제보를 받았다며 블록 반출을 금지해 버릴 수도 있습니다. 그렇게 되면 한국 조선소의 공정은 심각한 차질을 겪게 됩니다. 조선 시황이 호황이라면 더 문제입니다. 이런 대규모 블록 물량을 대신 처리해 줄 곳도 없기 때문입니다. 극단적으로 말하자면, 조선소 운영이 마비될 수 있습니다.

중국이 한국 조선업의 운명을 쥐락펴락할 수 있다는 말입니다. 이 리스크를 가볍게 봐서는 안 됩니다. 이미 한중 간 조선업 밸류체인은 이렇게 뭉쳐 있습니다. 블록뿐만이 아닙니다. 우리가 자랑하는 선박용 고성능 엔진, 이 엔진의 핵심 부품으로 크랭크샤프트라는 것이 있습니다. 그 크랭크샤프트의 절반 이상이 현재 어디서 올까요? 중국에서 옵니다. 우리 엔진 기업들이 원가 절감을 위해 진작에 중국에 진출해서 중국 자회사들을 많이 만들었습니다. 원자재를 중국으로 보내 가공하거나, 요즘은 아예 원자재까지 중국에서 조달해서 크랭크샤프트를 만들어서 가져옵니다. 똑같은 이유로 중국 당국이 시비를 걸면 엔진 만드는 데도 지장이 생깁니다.

물론 우리도 고가의 이중연료 선박용 엔진을 중국에 많이 수출합니다. 중국에 배를 발주하면서도 특정 기자재는 한국산을 요구하는 선주들도 많으므로 중국이 지금은 MASGA로 기분이 나쁘더라도 당장 한국 조선소들을 사드 때처럼 괴롭힐 가능성은 낮습니다. 2025년 11월 트럼프 대통령이 시진핑 주석과의 대화를 이어가면서 USTR의 대중국 제재가 다시 1년 유예되자, 중국도 보복 제재 조치 시행을 똑같이 유예했습니다. 하지만 중국은 긴 호흡으로, 전략적 포석을 쌓는 데 익숙한 나라입니다. 한국산 선박용 기자재 수입을 줄이고 중국산으로 대체하기 위해 집중적인 노력을 하고 있습니다. 향후 여건이 무르익는다면 중국 당국은 우리 기업들의 중국 자회사들을 다양한 방식으로 공격할 수 있습니다.

MASGA라는 프로젝트는 전략적 이유에서 미국에게 절실한 선택입니다. 미국은 자국 조선업을 강화하고 해군력을 재건해야 하며, 한국은 이를 협상의 레버리지로 활용할 수 있습니다. 그러나 한국도 감수해야 할 리스크가 상당합니다. 중국의 보복 가능성, 한중 조선업 밸류체인의 긴밀한 연결, 미국 해군의 일관성 없는 의사결정 이력 등이 모두 신중하게 고려되어야 할 요소들입니다.

미국이 현재의 상황에 처하게 된 것은 냉전 종식 이후 불가피한 측면도 있습니다. 소련이라는 주적이 사라지면서 해군 전력을 축소한 것은 자연스러운 선택이었습니다. 이 시기 공군은 F-22 랩터 등을 통해 압도적 우위를 유지했던 반면, 해군은 공군만큼 성공하지 못했습니다. 중국은 바로 이 전략적 틈새를 정확하게 파고들고 있습니다.

중국의 전략은 대양 해군으로 전 세계에서 미국과 경쟁하는 것이 아닙니다. 그것은 앞으로 30년이 지나도 달성하기 어려운 목표입니다. 대양 해군력은 함선만 가지고 확보할 수는 없습니다. 훈련된 인력과 전 세계를 아우르는 병참 체계가 필수이기 때문입니다. 대신 중국은 초점을 대만이라는 단일 지점으로 좁혔고, 이 제한된 목표에서는 승산이 있다는 게 여러 전문가들의 의견입니다.

대만이 이토록 중요해진 것은 TSMC 때문입니다. AI 핵심 연산칩의 99%가 대만에서 생산되는 상황에서, 미국으로서는 대만을 포기할 수 없습니다. TSMC를 미국으로 완전히 이전하면 되지 않느냐는 의견도 있지만, 대만은 TSMC가 자국을 떠나는 것을 절대 허용하지 않을 것입니다. TSMC는 대만의 생존을 보장하는 수호신이기 때문입니다.

아이러니하게도 TSMC는 이 상황을 역으로 활용해 자신의 협상력을 극대화하고 있습니다. 미국 입장에서는 TSMC가 미국으로 오든지, 아니면 대만을 수호해야 하는 양자택일의 상황이고 당장은 TSMC를 대체할 회사가 없기 때문입니다. 한국의 삼성전자가 AI 연산칩 제조 경쟁에서 TSMC와의 격차를 빠르게 좁힌다면 이 구도가 바뀔 수도 있습니다.

미중간의 갈등에서 중요한 건 치밀한 위기 관리입니다. 중국이 대만에 대한 무력 개입을 실행에 옮기지 않도록 해야 합니다. 중국도 무력 개입을 시도할 경우 막대한 손실을 입게 된다는 것을 명확히 인식하도록 해야 합니다. 동시에 미국도 중국의 해군력 증강을 예의주시하고 효과적으로 대응해야 합니다.

중국은 현재 로키low-key 전략을 취하고 있습니다. 시간이 자신들 편이기 때문입니다. 가만히 있어도 중국의 전력은 계속 강화되고 미국과의 격차는 더 벌어집니다. 중국은 마찰 없이 시간만 흐르면 미국이 전략적 손익 계산 끝에 스스로 물러날 것으로 보고 있습니다.

반면 미국은 이 격차를 빠르게 메워야 합니다. 그래서 MASGA는 단순한 조선업 협력이 아니라 미중 패권 경쟁의 핵심 전선이 되었습니다. 한국의 선택은 단순히 경제적 이익을 넘어서는 전략적 의미를 갖게 될 것입니다.

MASGA, 기회인가 위기인가

이제 서론에서 제기했던 세 가지 질문으로 돌아가 보겠습니다.

첫째, "MASGA, 제정신인가?" 경제적 관점에서만 보면 타당한 질문입니다. 미국의 높은 인건비, 복잡한 규제, 불확실한 물량 보장 등을 고려하면 단순한 수익성 계산으로는 답이 보이지 않습니다.

둘째, "트럼프만의 어젠다가 아닌가?" 명확히 아닙니다. 트럼프 1기와 바이든 행정부를 거치면서 합의된 미국의 초당적 전략입니다. 미국 해군 전력 약화 위기는 10년 이상 지속되어 온 구조적 문제이며, 상황을 개선하기 위한 해군력 증강 노력은 초당적으로 진행되어 왔습니다.

셋째, "미국 해군이 정말 위협받고 있느냐?" 이것이 가장 중요한 질문이며, 답은 명확히 '그렇다'입니다. 척수의 역전, 질적 격차의 축소, 워게임 시뮬레이션 결과, 그리고 무엇보다 복원력의 부재가 이를 증명합니다.

그렇다면 한국은 어떤 선택을 해야 할까요? MASGA 프로젝트는 단순한 비즈니스 혹은 기업 경영에 국한된 사안이 아닙니다. 향후 수십 년간 한국의 안보와 경제를 좌우할 전략적 선택입니다. 미중 패권 경쟁이라는 거대한 지정학적 변화 속에서, 한국은 어떤 전략을 선택해야 할까요?

참여할 경우의 리스크는 명확합니다. 중국의 보복, 불확실한 수익성, 복잡한 기술적 난이도, 미국 해군의 일관성 없는 요구 사항 변경 가능성 등입니다. 물론 불참할 경우의 리스크도 존재합니다. 미국과의 전략적 동맹 관계를 심화시킬 기회를 하나 놓치게 되고, 중국 해군력 증강에 따른 안보 위협 또한 증대될 것입니다.

결국 이 결정은 한국 정부와 기업이 신중하게 평가하고 판단해야 할 문제입니다. 다만 한 가지는 분명합니다. 이것은 단순히 배를 짓는 문제가 아니라, 향후 수십 년간 동북아시아와 서태평양의 패권 구도를 결정짓는 역사적 분기점에서 한국의 위치를 선택하는 문제입니다.

다음 장에서는 MASGA 프로젝트의 구체적인 내용과 한국이 직면한 실질적인 기회와 도전에 대해 자세히 살펴보겠습니다.

IV.

기회와 위기 사이,
한국의 선택은?

2025년 10월 한미 관세 협상 타결과 함께 1,500억 달러 규모의 투자 약속으로 구체화된 MASGA 프로젝트는 이제 실행 단계로 접어들고 있습니다. 앞 장에서 살펴본 것처럼, 이 프로젝트는 미국 해군의 절박한 필요와 한국 조선업의 역량이 만나는 지점에서 탄생했습니다.

하지만 '필요'와 '역량'만으로 성공이 보장되는 것은 아닙니다. 악마는 디테일에 있습니다. 이 장에서는 MASGA의 구체적인 실행 방안과 한국이 직면한 실질적인 기회와 도전을 살펴보겠습니다.

MASGA를 둘러싼 정세

지난 장에서 다룬 내용을 먼저 정리하겠습니다. 첫 번째 핵심은 미국 해군과 중국 해군의 전력 격차가 급속하게 줄어들고 있다는 사실입니다. 동북아시아, 특히 대만 해역을 중심으로 봤을 때 두 해군이 전면 교전을 벌이면 승부를 예상하기 어렵습니다. 미국이 이긴다 하더라도 상당한 피해를 볼 가능성이 높습니다. 이것은 미국 자체 분석 결과이며, 중국도 이미 그렇게 보고 있습니다.

일각에서는 "미국 특유의 엄살 아니냐?", "중국 함선이 80척 더 많다지만 미국은 항공모함이고 중국은 작은 상륙정 아니냐?"라는 반론을 제기하기도 합니다. 저는 군사 전문가가 아니지만 제가 만난 미국 해군 관계자들은 모두 비슷한 문제 의식을 가졌다는 사실을 말씀드리고 싶습니다.

중국이 빠르게 따라오고 있고, 미국의 전력 증강 속도는 기대에 미치지 못합니다. 코로나 이후 이 문제는 더욱 심각해졌습니다. 미국의 자체 역량만으로는 이 문제를 풀기 어렵다는 것이 미국 전략 연구기관, 해군 장성, 실무 영관급 장교들의 공통된 목소리였습니다.

그렇다면 미국 해군의 전력은 왜 이렇게 약화되었을까요? 크게 세 가지 이유가 있습니다.

첫째, 미국 조선업이 붕괴 상태여서 배가 빨리 나오지 않습니다. 이것은 너무나 상식적인 이야기입니다. 둘째, 기존 함정의 수리도 제대로 이루어지지 않습니다. 수리가 잘 안되는 가장 큰 이유는 인력이 자주 바뀌기 때문입니다. 신원 조회 같은 절차가 복잡해 사람을 충원하기가 어렵습니다. 셋째, 미국 해군 자체의 구조적 문제입니다. 이것은 단순한 조선소의 문제가 아닙니다. 냉전 이후 해군 규모가 축소되면서 조직 내부에서 예상치 못한 일들이 벌어졌습니다. 조직이 축소되면 그 안에 있는 사람들은 살아남기 위해 예상치 못한 행동을 하게 됩니다.

미국 해군도 배가 빨리 나오는 것을 원하지 않았습니다. 어차피 보유 척수가 줄어드니 하나하나를 최고급 사양의 좋은 배로 만들고 싶어 했습니다. 이런 요인들이 겹치면서 배 한 척을 만들고 완성하는 데까지 시간이 너무 오래 걸리고 비용이 증가하는 문제가 심해졌습니다.

미국은 2024년에 결론을 내렸습니다. 동맹국과 함께 이 문제를 풀어야 한다는 것입니다. 동맹국이란 한국, 일본, 그리고 NATO 회원국 중 유럽의 조선 강국들을 의미합니다. 이들 국가와 협력해 미국 조선업 역량을 강화하고, 나아가 미국 해군 전력을 증강하겠다는 전략입니다.

한국에서는 2025년 10월에 큰 진전이 있었습니다. 미국과의 관세 협상이 타결되면서 우리는 총 3,500억 달러 규모의 대미 투자를 약속했고, 그중 1,500억 달러가 MASGA 조선 분야에 배정되었습니다. 다만 이것이 전액 현금 투자는 아닙니다. 산업부 장관이 밝혔듯이 대출 제공, 보증 등 다양한 금융 기법을 동원한 총액입니다.

이 자금으로 미국 조선소에 새 시설을 짓고, 우리 조선소가 미국 조선소를 인수하거나, 배를 발주하거나, 신용을 보강하는 등 여러 방법으로 미국 조선업이 과거의 영광을 되찾도록 지원할 계획입니다.

미국의 요구: 투자, 기술, 사람

미국 정부는 틈만 나면 한화오션의 필리조선소 인수 사례를 강조합니다. 미국은 한국의 대형 조선소가 미국 조선소를 직접 인수해 투자하길 원합니다. 트럼프 대통령도 직접 밝혔습니다. "조선업은 돈만 넣는다고 되는 게 아니다. 사람을 교육하고 훈련시켜야 한다. 기술도 이전해 달라." 결국 투자, 기술, 사람 이 세 가지를 모두 요구하고 있습니다.

앞으로 미국 정부가 할 일도 명확합니다. 먼저 해군은 군함을 발주할 것입니다. 동시에 상무부와 교통부는 상선도 여러 척 발주할 것입니다.

전략상선대Strategic Commercial Fleet라는 개념이 있습니다. 평상시에는 민간 해운사가 일반 화물선으로 운영하다가, 전쟁이나 비상사태 발생 시 정부가 징발하여 군수물자나 병력을 수송하는 선박을 말합니다. 제2차 세계대전 당시 미국은 2,700척이 넘는 리버티급 수송함을 건조해 전쟁 물자를 수송했고, 이것이 연합군 승리의 핵심 요인 중 하나였습니다. 하지만 지금은 어떨까요?

미국은 현재 정부가 통제할 수 있는 미국 국적 대형 상선이 심각하게 부족합니다. 현재 전략상선대 프로그램에 등록된 선박은 장부상으로 134척밖에 되지 않습니다. 중국은 유사시 동원할 수 있는 대형 상선이 5,500척입니다. 40배 이상의 차이가 납니다.

더 심각한 것은 중국에서 미국으로 들어가는 막대한 물자를 운송하는 배의 절반 이상이 중국에서 만들고, 중국 자본이 소유하며, 중국 해운사들이 운항하는 배라는 사실입니다.

미국 입장에서 중국과의 관계가 심각하게 악화되거나 비상 상황이 발생해 미국 국민들에게 필요한 대량의 물자를 긴급히 수송해야 할 때 큰 문제가 생깁니다. 중국 배가 없이는 미국 정부가 그 많은 물자들을 운송할 방법이 없습니다. 확보할 배가 없기 때문입니다. 우크라이나 전쟁 때 NATO가 단기간에 막대한 무기와 물자를 우크라이나에 보낼 수 있었던 것도 충분한 수송 선박이 있었기 때문입니다. 만약 대만에서 분쟁이 발생하고 사태가 장기화 될 경우, 해상 수송로를 확보한다고 해도 미국은 선박 부족으로 적시에 군수 지원을 하지 못할 수 있습니다.

숫자만 부족한 게 아닙니다. 지금 미국의 전략상선대 프로그램에 등록되어 있는 배들은 너무 오래되고 낡았습니다. 2024년 조사에 따르면 미국의 134척 전략상선대 중 즉시 투입할 수 있는 배는 절반에 불과합니다. 평균 선령이 40년이 넘을 정도로 배가 낡고 오래되었기 때문입니다. 게다가 미국인 선원도 1,800명이 부족해서(존스법으로 인해 미국 선원들이 꼭 필요합니다) 배가 멀쩡해도 다 가동할 수 없습니다. 특히 탱크와 중장비의 적하역積荷役에 편리한 로로선Roll-on/Roll-off Ship(경사로가 내장되어 있어 트럭, 자동차 등 바퀴 달린 화물을 별도의 크레인 없이 스스로 운전하여 싣고 내릴 수 있는 화물선)의 부족이 뼈아픕니다. 이런 상황이 지속되면 미 지상군을 동아시아 지역에 급거 파병하는 것 자체가 어려워집니다.

미국 정부는 2030년까지 해운사를 모집해 새로운 배를 건조할 계획입니다. 미국 정부 차원에서 필요한 사양의 배를 예비

경사로가 내장되어 탱크 등의 운송에 편리한 로로선.

용으로 확보하고 운송 물량도 줄 테니, 해운사는 계약하고 배를 지으라는 것입니다. 이 배는 평소에는 상선으로 운영되다가 유사시 징발되는 개념입니다. 이런 목적의 신규 상선 주문이 10년 내 200척 정도 나올 걸로 보입니다.

미국 해운업계에서 보유한 대형 상선 중에는 너무 낡고 오래되어 유지 보수 경비와 운항비가 비싸 실질적으로는 그냥 정박시켜 둔 배도 많습니다. 미국은 트럭과 항공기 운송은 발달했지만, 철도 인프라는 약하고, 해운업은 부실한 나라입니다. 거대한 대륙 국가인 점도 원인이며, 존스법 등으로 인해 미국 해운업이 국제 경쟁력을 상실한 지 오래되었습니다. 현재 미국 해운업체들은 미국의 대외 무역에는 거의 참여하지 못하며, 미국 본토와 하와이, 알래스카, 카리브해 해운 수요로 먹고살고 있습니다. 수요가 한정된 국내 시장에서 경쟁이 정체된 상태이므로 배들이 낡고 오래된 경우가 많습니다.

미국 정부는 낡은 대형 상선들을 모두 교체하고, 정부가 비상시 징발할 수 있는 배를 최소 400척, 이상적으로는 500척 이상으로 늘리는 것을 목표로 하고 있습니다.

그런데 여기서 문제가 생깁니다. 이렇게 배를 갑자기 늘린

들, 그만큼의 배가 실어 나를 화물이 당장 생기는 것이 아닙니다. 선주는 당연히 요구합니다. "배를 만들었는데 당장 장사가 안되면 어떻게 하느냐? 대기하더라도 적절한 보상이 필요하다." 상식적인 요구입니다.

여기서 미국 정부의 보조금이 필요합니다. 관련 법안이 논의되고 발의되었습니다. 예산이 편성되면 미국 정부는 새로 건조한 배의 수명 30년 동안 배를 운영해야 하는 선사들이 손해 보지 않도록 하는 보상 구조를 만들 것입니다. 보상 구조를 감안하여 선가가 책정되고, 미국 조선소들에 발주가 이루어질 것입니다.

여기에 기회가 있습니다. 이렇게 새로 만들어야 하는 미국 해운사용 대형 상선은 비쌉니다. 예를 들어 한국에서 만들면 원가가 1억 달러도 안 되는 배가 미국에서 만들면 3억 달러 이상의 가격표가 붙습니다. 그 비싼 배들이 대거 미국 조선소에 발주될 때 한국이 기대할 수 있는 것은 명확합니다. 미국 조선소들이 만들면 3억 달러를 받아도 돈 벌기 힘든데, 우리가 잘해서 원가를 2억 달러 수준으로 관리할 수 있다면, 큰돈을 벌 수 있습니다.

한국은 배 원가가 1억 달러인데, 미국에서 만들 때 2배 정도 비용이 더 드는 거라면 우리가 충분히 할 수 있지 않을까 하는 계산입니다. 인건비가 비싸고 생산 시설이 낡았고 간접 비용 부담이 크지만, 배 값을 2배 이상 받으면 해볼 만하지 않겠느냐는 판단입니다.

대박인가 쪽박인가

그렇다면 MASGA 프로젝트는 우리가 생색도 내고 돈도 많이 벌수 있는 천재일우의 기회일까요? 아니면 미국이 도움을 요청할 때 생색을 낼 수 있겠지만 실속은 없고, 미국인들 관리하느라 고생만 하다가 국방 계약에 얽혀 손해를 볼 게 뻔한 밑지는 장사일까요? 지금 이를 두고 조선업계에서 치열한 논쟁이 벌어지고 있습니다.

먼저 MASGA 대박론의 근거를 살펴보겠습니다. 미국 해군이 연간 신조와 수리에 쓰는 돈이 약 400억 달러입니다. 우리 돈으로 55조 원이 넘습니다. 조선 3사의 2024년 매출을 합치면 약 46조 원입니다. 미국 해군 신조와 수리 예산이 우리 조선 3사 전체 매출보다 많습니다.

낙관론자들은 그중 5분의 1만 가져와도 조선 3사 매출의 20~30%가 된다고 계산합니다. 지금까지 그 매출을 미국 조선소들이 독점했는데, 우리가 미국 해군 신조, 수리 시장에 진출할 수 있다면 그 자체가 큰 기회라는 의견입니다. 다만 방위산업의 특성상 조선소에 실제로 떨어지는 매출은 생각보다 줄어들 수 있습니다. 가령 항공모함을 짓는다면 선체뿐 아니라 레이더, 미사일 등 무기 체계가 모두 포함되기 때문입니다. 군함의 경우 무기 체계가 배 자체보다 몇 배 더 비싸므로, 조선소의 실제 매출과 수익은 기대 이하인 경우도 많습니다.

그런데 한화그룹의 경우 계산이 달라질 수 있습니다. 한화오션은 배를 만들지만, 한화에어로스페이스 등 다른 계열사는 미사일, 레이더, 무기 체계도 만듭니다. 이번 기회에 미국 첨단 무기 기술을 익히고, 한화오션이 인수한 필리조선소가 군함을 만들게 된다면 그 기회를 잘 살려 국산 무기를 미국 시장에 판매할 길이 열릴 수 있습니다.

가성비 좋은 국산 무기를 미군에 공급할 수 있다면 단순히 배만 건조하는 것 보다 2배, 3배 남는 장사입니다. 배는 한번 만들면 30년간 크게 고칠 일이 없지만, 무기는 다릅니다. 평소 훈련할 때 계속 사용하고, 전자기기 성능이 개량되면 대대적으로 업그레이드를 하기도 합니다. 즉, 일단 무기를 공급할 수 있다면, 30

년간 이상 지속적인 수익을 올릴 수 있습니다. 이것은 면도날 비즈니스, 카트리지 비즈니스와 같습니다. 프린터는 거의 공짜로 팔아도 잉크로 돈을 벌듯이, 방위산업도 같은 사업 방식입니다. 당장은 손해를 볼 수 있어도 부품, 유지보수, 소프트웨어 업데이트, 탄약과 미사일 등의 판매로 수익을 낼 수 있습니다.

대박론의 또 다른 근거는 전략적 필요성입니다. 미국이 중국과의 패권 경쟁을 포기할 리 없습니다. 해군력을 강화해야 하는데 스스로 인정하듯 자체 역량만으로는 불가능합니다. 유럽은 자국 방위 수요도 충족시키지 못하고 있어 탈락입니다. 일본은 조선업과 방위산업 인력이 고령화되어 미국 시장에 과감하게 투자하기 어렵습니다. 결국 한국이 협상력을 가지고 당차게 대처하면 결국 미국 해군 수요를 많이 가져올 수 있다는 논리입니다.

또 하나 중요한 기대 효과도 있습니다. 조선 3사는 상선 매출 비중이 높은데, 해운 경기를 많이 탑니다. 방위산업은 상선과 달리 해운 경기를 타지 않으며 장기 계약 위주이므로 보다 안정적으로 조선소를 운영할 수 있습니다. 이런 이유로 조선소들은 전통적으로 이익률이 낮아도 군함 물량을 열심히 수주했습니다. 미국 해군의 신조, 수리 물량을 충분히 확보할 수 있다면 조선소 전체의 경영을 더욱 안정적으로 할 수 있어 장기적인 투자를 보다 자신감 있게 할 수 있습니다.

그런데 대박론에 대한 부정적인 의견도 많습니다. 대박론의 스토리와 숫자들은 논리상 맞아 보이지만, 실제로 군함을 만들어 본 사람들이나 미국 국방부와 비즈니스를 해본 사람들은 대박론에 회의적인 경우가 많습니다. 왜 그럴까요?

첫째, 미국 정부 특유의 복잡한 서류 작업과 느린 의사결정이 문제입니다. 둘째, 미국 방산업체들의 저항입니다. 그들은 자기들만의 리그를 만들어 그 안에서 시장을 독과점하며 돈을 벌고 있습니다. 미국 해군이 울며 겨자 먹기로 그들을 이용하고, 체인지 오더까지 주면서 안고 가는 형국인데, 우리 조선업체가 그 시장에 들어가는 순간 독과점 구조가 깨지고 경쟁이 붙어 선가가 떨어지게 됩니다. 자기들이 누리던 것을 못 누리게 되니 여러 방법으로 방해할 것입니다. 가령 지역구 의원을 동원해 법안 통과를 저지할 수도 있습니다.

더군다나 근본적인 문제는 따로 있습니다. 트럼프 대통령의 추진력으로 앞에서 설명한 장애물을 다 돌파했다 하더라도, 제조업에 열의가 없는 사람들을 데리고 힘들고 어려운 조선업을 과연 잘할 수 있겠느냐는 것입니다.

미국의 제조업 역량을 무시하는 게 아닙니다. 항공기 산업에서 미국은 세계 1위입니다. 자동차 산업의 경우 과거의 영광은 많이 사라졌지만, 여전히 국가 기준으로는 세계 톱 수준입니다. 항공기처럼 신뢰도가 생명이거나 자동차처럼 프리미엄 브랜드로 차별화할 수 있다면 가능성이 있습니다. 항공기나 자동차 모두 실내 공장에서 조립 작업이 이뤄지므로 로봇 자동화로도 생산성 향상이 가능합니다. 미국의 자동차 산업이 쇠퇴했다고 해도 여전히 우리보다 절대 생산 대수가 많고 인력 기반도 탄탄하며 많은 스타트업들이 미래 자동차 기술을 개발하면서 혁신을 주도하고 있습니다.

그러나 조선은 다릅니다. 조선은 결국 사람이 손끝으로 마무리해야 합니다. 자동화와 기계화에 한계가 있습니다. 그렇다고 자동차처럼 디자인 프리미엄과 브랜드 스토리로 선가를 현저하게 더 받을 수 있는 것도 아닙니다. 이 세계에서는 품질과 사양, 납기 신뢰도가 결정적으로 중요합니다.

그러한 점을 고려할 때 지금 조선업계에서 MASGA 프로젝트에서 기대하는 만큼의 수익을 얻을 수 있을지 불확실합니다.

이에 쪽박론자들의 주장은 명확합니다. 겉으로는 그럴듯하지만 우리 기술과 노하우를 다 넘겨주고 거기서 고생만 하다가 국방 계약에 얽혀 손해를 볼 거라는 설명입니다.

대박론과 쪽박론 모두 근거는 있습니다만, 저는 우리 업계가 낙관적으로 생각하고 도전했으면 좋겠습니다. 1970년대 초반 현대의 정주영 회장이 울산에 조선소를 짓고 배를 수출하자고 했을 때 결과를 낙관한 사람은 아무도 없었습니다. 앞서 살펴보았듯이 '하면 된다' 정신, '우짜겠노' 정신으로 여기까지 왔습니다. 해보지도 않고 어차피 되지도 않을 일이라며 패배주의에 빠져서는 안 됩니다.

그러면 한국 조선업은 미국에서 실제로 무엇을 할 수 있으며, 어떤 조건이 갖춰져야 성공할 수 있을지 구체적으로 살펴보겠습니다.

한국 조선업의 높은 생산성, 미국에서 재현 가능한가

"한국 조선소가 미국에서 실제로 무엇을 할 수 있겠는가?"

이것이 미국 조선업계와 국방부가 가장 궁금해하는 질문입니다. 한국 조선업의 높은 생산성은 1장에서 살펴본 것처럼 블록 공법, 생산설계, 공정 선행화라는 세 가지 혁신의 결과입니다. 이 혁신은 헌신적인 숙련공 집단과 거대한 규모의 최신 설비들이 있었기에 가능했습니다. 그런데 이것을 미국에서도 그대로 구현할 수 있을까요?

수치로 보면 격차는 명확합니다. 예를 들어 같은 규모의 부지에서 미국 조선소가 연간 세 척을 건조할 때, 한국 조선소는 15척을 만듭니다. 한화오션이 인수한 필리조선소의 경우, 인수 전에는 연간 한 척을 건조했습니다. 한화오션이 인수한 후 여러 개선을 거쳐 현재는 연간 두 척 수준으로 생산량이 늘었고, 다음 목표는 연간 10척 수준까지 늘리는 것입니다. 그리고 최종적으로는 20척까지 늘리겠다는 계획입니다. 한국의 비슷한 규모 중형 조선소들은 이미 연간 10~20척을 건조하고 있으니, 한국에서는 일상적으로 이루어지는 일입니다.

그런데 한 가지 의문이 듭니다. 30%, 50% 정도의 생산성 향상도 아니고, 어떻게 5배, 10배씩 생산량을 늘릴 수 있을까요? 답은 한국 조선업이 축적해 온 생산 시스템에 있습니다. 배 건조에 시간이 많이 걸리는 가장 큰 이유는 블록 공법으로 배를 조립할 때 막판에 블록들의 아귀가 잘 맞지 않기 때문입니다. 모듈을 다 만들고 나서 결합 단계에서 오차가 발견되면 재작업을 해야 하고, 이 마무리 작업에 엄청난 시간이 소요됩니다.

한국 조선소는 처음부터 품질 관리를 철저히 하고, 공법을 세심하게 설계하며, 설계 단계에서부터 현장 설치 시 오류가 발생하지 않도록 만듭니다. 이러한 요소들이 맞아떨어지면 배를 훨씬 빠르게 건조할 수 있습니다. 생산성의 핵심은 품질을 유지하면서 배를 얼마나 빠르게 만드느냐입니다.

배 종류별로 관리 포인트가 다르고, 블록을 어떻게 구분할지도 노하우가 필요합니다. 예를 들어 배를 100개 블록으로 나눈다고 할 때, 그 블록을 어떻게 구분하고 제작 순서를 정하는지, 조선소가 보유한 설비와 작업자들의 기량을 고려해 자재와 도면과 사람을 어떻게 일치시켜 생산 흐름을 매끄럽게 만드는지가 굉장히 중요한 노하우입니다. 이 흐름이 제대로 작동하면 생산성은 놀랍도록 빠르게 높아집니다.

그렇다면 미국은 왜 이렇게 생산성이 낮을까요? 일본과 중국도 비슷한 규모의 조선소에서 연간 10척 정도를 건조합니다. 미국이 특별히 못하는 것일까요, 아니면 한국이 유난히 잘하는 것일까요? 사실 단순하게 비교하기는 어려운 문제입니다. 한국은 선박 건조 과정에서 조선소의 시설과 인력만 동원하는 것이 아니라 조선소 외부의 공급망까지 총동원해서 조선소에서는 최종 조립에 집중하는 형태이기 때문입니다. 간략히 비교하자면, 현재 미국 조선업의 단위 생산능력을 1이라고 할 때 한국은 약 5, 중국은 약 3, 일본은 그 사이 정도로 볼 수 있습니다.

여기서 중요한 점은, 일본이 우리보다 못해서 속도나 단위 생산성이 떨어지는 게 아니라는 것입니다. 외부 시설과 인력까지 동원해서 속도를 높이고 단위 생산성을 높이면 장점도 있지만 단점도 있습니다. 많은 자원을 한 번에 투입해야 하므로 현금 부담이 크고 묶이는 자금도 많습니다. 경영상 리스크가 증가합니다. 일본의 일부 조선소들은 의도적으로 속도를 낮춰 최적의 원가 구조로 운영합니다. 겉으로는 생산성이 낮아 보이지만 실제로는 안정적으로 수익을 내기 위한 의도적인 선택입니다. 조선소 생산 속도와 경영 상태, 품질을 종합적으로 살펴보면 일본은 충분히 잘하고 있습니다.

물론 우리 한국도 잘하고 있으며, 중국도 많이 따라왔습니다. 반면 미국 조선소들의 큰 문제는 물량이 너무 없다는 것입니다. 조선소가 매끄럽게 돌아가려면 안정적인 물량이 어느 정도 확보되어 있어야 합니다. 적어도 3년 후까지의 주문을 확보해서, 어떤 선박을 앞으로 건조해야 할지 확실한 상황이어야만 사람을 뽑아 훈련시키고 시설 투자를 해서 생산성을 높일 수 있습니다. 마중물이 있어야 우물에서 물을 길을 수 있는 이치입니다.

한화그룹의 경우 필리조선소에 마중물이 필요하다고 판단해 스스로 12척을 발주했습니다. 같은 설계를 적용한 중형 유조선 10척과 LNG선 두 척이며, 7년에 걸쳐 건조한다는 계획입니다. 이에 걸맞는 투자 계획도 발표했고 인력 양성도 열심히 하고 있습니다. 이렇게 장기 생산 물량과 일정이 확정되면 그것을 기반으로 장기적인 투자와 인력 고용, 생산성 향상 작업을 진행할 수 있습니다. 반면 어떤 조선소에 당장 수주 잔고가 한 척뿐이고 다음 주문이 불확실하다면 사람을 고용할 수가 없습니다.

MASGA 성공의 관건: 인력 이동과 공급망 구축

그렇다면 MASGA 프로젝트 성공의 관건은 무엇일까요? 제가 볼 때 두 가지 사안을 반드시 해결해야 합니다.

첫째, 한국 기술 인력의 원활한 미국 출입국입니다. 신규 인력 중심으로 배를 건조하다 보면 고기량자가 반드시 필요한 일들이 발생합니다. 미국에서는 안 만들어 본 최신 사양의 대형 상선을 건조하게 되면, 한국의 고기량자가 원포인트로 현장에 투입되거나 방법을 알려주면 금방 끝날 일이, 현지에서는 도저히 해결되지 않아 공정이 지연되는 경우가 발생할 가능성이 높습니다.

2025년 하반기 조지아주에서 발생한 이민단속국(ICE) 사태 같은 일이 반복되어서는 안 됩니다. 저는 관련된 논의 중에 'MASGA 패스'를 만들자고 제안한 바 있습니다. 출입국 시 특수 비자가 있으면 빠르게 통과할 수 있듯이, MASGA 프로젝트에 소속된 조선 기술자나 전문가들에게는 1,000~2,000개 정도의 쿼터로 특별 패스를 발급하자는 제안입니다. 필요할 때 신속하게 미국에 가서 작업을 지원하고, 코칭하고, 문제를 해결해야만 배를 빠르게 건조할 수 있습니다.

비자를 받기 위해 기다리고, 미국 현지에서 직접 생산 활동을 하면 안 된다는 규제에 걸리면 공정이 하염없이 늘어질 수밖에 없습니다. 다행히 조지아 사태 이후 미국 정부도 대미 투자를 많이 하는 기업에 대해서는 상무부에서 비자를 발급하고 관리하겠다고 했고, 방문 비자나 여행 비자만으로도 필요한 비즈니스를 할 수 있게 해주겠다고 밝혔습니다.

둘째, 공급망을 함께 구축해야 합니다. 엔진 공장, 의장재 공장, 블록 공장, 페인트 공장 등 수준 있는 기자재 업체들이 같이 가야 합니다. 현대자동차그룹이 조지아 서배너 인근에 메타플랜트(HMGMA)를 지으면서 배터리 공장부터 수직 계열화된 공장을 모두 집적시킨 것처럼, 조선업도 성공하려면 그렇게 해야 합

현대자동차그룹이 미국 조지아에 조성한 메타플랜트 아메리카 전경
출처: 현대자동차그룹

니다.

　지금은 한국의 여러 조선사가 각자 다른 방식으로 미국 시장에 접근하고 있습니다. 하지만 궁극적으로 MASGA 프로젝트를 성공시키려면 한국 기업과 한국 정부, 미국 기업과 미국 정부가 공동으로 논의하고 협력해서 특정 지역에 거대한 조선 거점을 만드는 것이 훨씬 효율적입니다. 우리나라 울산과 같은 클러스터 말입니다.

　이런 다자간 논의를 효과적으로 진행하려면 전체 일을 지휘하는 컨트롤타워가 필요합니다. 우리나라는 산업부에서 그런 역할을 수행할 수 있지만, 미국 정부에는 조선산업을 관장하는 전담 부처가 없었습니다. 효율적인 논의를 위해 미국 정부에 조선업 컨트롤타워 조직 구축을 요구해야 합니다. 그 조직을 중심으로 한미 간 실무 협상을 진행하면서 현대화된 신규 조선소 건설과 공급망 확충을 아우르는 미국 조선업 신규 거점 구축 방안을 논의하는 것이 바람직합니다.

미국 조선 생태계 부활과 한국의 이해관계

여기서 한 가지 딜레마가 발생합니다. 미국 입장에서는 한국 조선소가 와서 미국의 조선 생태계를 다시 살려주기를 원합니다. 그런데 한국 조선소가 경쟁력을 갖추려면 한국의 생태계를 그대로 이식해서 한국에서 하던 대로 운영해야 하는데, 그러면 미국 조선 생태계 부활이라는 목표에 차질을 빚을 수 있습니다.

한국과 미국의 조선 기자재 생태계가 공존하며 함께 갈 수 있는 방안이 필요하며, 그 가능성은 충분합니다. 우리나라도 처음 조선업을 육성할 때 철판도 수입하고 엔진도 모두 수입했습니다. 그러다 어느 정도 성장하자 포스코가 철판을 만들었고, 외국 엔진 기술을 도입해서 한국에서 엔진을 만들어 선박에 공급했습니다.

마찬가지로 한국의 조선 엔진 회사가 미국에 가서, 명맥만 남아 있는 미국 엔진 회사와 합작을 할 수 있습니다. 미국의 거점 지역에 엔진 공장을 짓고 조인트 벤처 형태로 운영하는 것입니다. 인력은 미국인을 주로 고용합니다. 그러면 미국도 나쁠 것이 없고, 우리도 완전히 미국 회사에서 엔진을 사 오는 것보다 훨씬 유리합니다. 원하는 제품이 나오지 않거나 가격이 비싸면 답이 없기 때문입니다. 절충점을 찾아야 합니다.

결국 조선소만 가는 것이 아니라 조선기자재 업체들도 함께 가서 사업을 시작해야 합니다. 사실 한국 조선업이 해외에 조선 기지를 만들어 본 경험은 꽤 있습니다. 유럽, 중국, 필리핀, 베트남, 오만 등에 진출했고, 기자재 업체들도 함께 갔습니다. 기자재 없이는 배를 만들 수 없기 때문입니다.

구체적으로 살펴보면, 맨 처음 해외 진출은 대우가 1996년 루마니아에서 시작한 조인트 벤처였는데 성공이라고 말하기는 어려웠습니다. 20년 동안 투자를 많이 했지만 원하는 생산성은 끝내 달성하지 못했습니다. 여러 이유가 있었지만, 주요 기자재 공급망이 함께 가지 못했고, 루마니아의 조선산업 기반이 견실하지 못한 점이 특히 어려웠습니다.

두 번째로 중국에 2002년 이후 STX, 한화오션, 삼성중공업 등이 진출했습니다. 중국 각지에 조선소와 블록 공장들을 여럿 조성했었고, 20여 년의 시간이 지나면서 일부 공장들은 파산하거나 주인이 바뀌는 등 우여곡절이 있었습니다. 하지만 결론적으로 지금 시점에서 보면 비록 주인이 바뀌기는 했지만, 우리 업체가 건설했던 공장들은 현재 모두 배나 블록을 잘 만들고 있습니다. 과거에 목표했던 수준의 생산성과 품질 수준을 달성한 경우도 많습니다.

우리 조선업계가 중국에서 성공한 이유는 공급망이 현지화되었기 때문입니다. 중국 안에서 기술자를 채용하고, 철판을 사오고, 의장품이나 필요한 자재 대부분을 구할 수 있게 되자 품질, 생산성, 경영이 모두 안정화되었습니다.

한진중공업이 필리핀 수빅에 조성한 수빅 조선소. 경영난을 극복하지 못하고 2019년 1월 회생절차를 밟았다.

반면 필리핀은 공급망 구축이 어려웠습니다. 한진중공업은 수빅subic에 거대한 조선기지를 구축했습니다. 일부 기자재 업체가 함께 갔지만, 선박 건조에 필요한 자재의 상당량은 부산에서 바지선으로 계속 보내줘야 했습니다. 이로 인한 높은 물류 비용과 함께 생산성을 높이기 어려운 자연환경(더위와 습도) 등의 문제가 겹쳐 계획만큼 잘 운영되지는 못했습니다. 최근 현대중공업이 그 조선소 일부를 다시 임대해 활용하려 하고 있습니다.

이러한 경험에서 얻은 교훈은 명확합니다. 조선소와 공급망이 함께 가야 합니다. 다시 처음으로 돌아오면, 가장 중요한 과제는 안정된 물량 보장입니다. 안정된 물량이 있어야만 조선소든 엔진 회사든 2차 벤더든 함께 가서 일할 수 있습니다. 물량이 불확실하면 아무도 갈 수 없습니다. 지금 한국 조선소들이 고민하는 핵심 문제가 바로 이것입니다.

조선 3사의 서로 다른 접근 전략

2장에서 살펴본 것처럼, 한국 조선 3사는 LNG선 시장에서 각자 다른 방식으로 혁신을 주도하며 경쟁해 왔습니다. 이제 이제

MASGA 프로젝트에서 세 회사는 다양한 전략으로 경쟁하고 있습니다.

한화는 2024년 필리조선소를 인수하며 과감하게 투자를 단행했습니다. 발빠르게 미국 시장에 진출한 것입니다. 한편, HD현대는 다양한 미국 기업들과 제휴하며 광범위하게 기회를 엿보고 있습니다. HII와 같은 전통적인 미국 군함 전문 조선소는 물론 팔란티어나 안두릴 같은 회사들과 무인항공기Unmanned Aerial Vehicle, UAV 또는 드론 분야에서 협력하고 있습니다. 삼성중공업은 한화오션이나 HD현대중공업처럼 방산 사업을 해본 회사는 아닙니다. 그래서 가장 신중하게 접근하고 있습니다. 일단 미국 시애틀에 소재한 수리선 전문 비거마린Vigor Marine 그룹과 제휴하면서 구체적인 미국 시장 진출 방안을 연구하고 있습니다. 3사 모두 미국 정부로부터 안정된 물량이 나올까, 언제 나올까, 어떻게 나올까를 기다리고 있습니다.

그렇다면 한화는 무엇을 보고 과감하게 필리조선소를 인수한 것일까요? 한화그룹은 고유의 사정이 있었습니다. 한화그룹은 미국에서 에너지 사업을 크게 하고 있습니다. 미국 남부에서 LNG 액화 플랜트도 건설하고 있고, 천연가스 생산, 에너지 유통,

태양광 패널 공장 등 미국 에너지 산업 전반에 깊이 참여하고 있습니다. 미국이 전 세계로 수출하는 막대한 에너지 화물들을 처리할 LNG선, 원유 운반선, 석유제품 운반선 물량만으로도 어느 정도 조선소를 운영할 수 있다고 판단한 것입니다. 이번에 발주한 12척도 한화그룹의 미국 에너지 사업들과 관련되어 있습니다. 또한 필리조선소보다 먼저 인수를 검토했던 오스탈이라는 군함 전문 회사도 있었는데, 이것은 군함 시장을 겨냥한 것이었습니다.

반면 현대중공업은 전통적으로 해외 진출에 신중한 입장이었습니다. 2005년 이후 조선 붐이 일었을 때 국내 조선업계는 앞다투어 중국으로 진출했지만, 결국 현대는 가지 않았습니다. 이유는 현대만의 독특한 비즈니스 모델 때문입니다.

현대중공업은 배만 만드는 것이 아니라 배에 들어가는 엔진, 발전기, 전력 설비를 직접 생산해서 수직 계열화와 규모의 경제를 추구합니다. 예를 들어 한화오션이나 삼성중공업은 배에 들어가는 전력 설비를 외부에서 각각 5억 원에 사 와야 한다면, 현대는 자체 생산하기 때문에 4억 5,000만 원에 넣을 수 있습니다.

여기서도 중요한 개념이 카트리지 비즈니스입니다. 현대가

4억 5,000만 원에 전력 설비를 공급해도 문제없는 이유는, 배의 운용 기간 동안 부품을 계속 팔 수 있기 때문입니다. 운이 좋다면 배 수명 동안 부품 값으로 5억 원 이상을 더 벌 수 있습니다. 누이 좋고 매부 좋은 구조입니다. 배 값도 경쟁력 있고, 부품도 지속적으로 팔 수 있으니까요.

그래서 현대는 더 많은 기자재를 내재화하고 최대한 울산과 한국 안에서 공급망을 관리하는 전략을 유지해 왔습니다. 이러한 현대 고유의 전략과 해외 사업 접근 방식은 미국 진출에도 영향을 미칩니다. 아무래도 해외 조선소 운영 경험이 제한적이기 때문입니다. HD현대미포가 베트남에서 수리조선부터 시작해 중형조선소를 만든 사례가 하나 있을 뿐입니다. 그래서 현대는 당장 조선소를 인수하기보다는 미국의 기존 조선소들과 제휴해 공동으로 배를 만들고 그들이 필요로 하는 상선 건조 기술이나 생산성 향상 노하우를 수출하려고 하고 있습니다.

조선소를 새로 만드는 것 자체가 큰 프로젝트입니다. 좋은 시설의 대형 조선소를 건설하려면 땅이 저렴한 곳에서 하더라도 2~3조 원이 듭니다. 그리고 자동화에 한계가 있기 때문에 2~3조 원짜리 조선소를 운영하려면 적어도 3,000명 이상의 인력을 훈련시켜 투입해야 합니다. 사람을 훈련시키고 조선소를 짓는 것도 쉽지 않은데, 지금 한국 조선업이 너무 호황이라 한국에서 고수들을 빼서 투입하기도 어렵습니다. 역설적으로 한국 조선업이 너무 바쁘니까 미국 진출에 더 어려움이 있는 것입니다.

이런 이유들로 인해 3사의 미국 진출은 일부에서의 기대만큼 빠르게 진도를 내기는 쉽지 않습니다. 시간을 두고 차분히 진행될 것으로 예상합니다.

MASGA의 지속성과 실행 전략

MASGA 프로젝트는 과연 트럼프 이후에도 계속될까요? 이 부분을 걱정하는 사람들도 많지만 저는 트럼프 대통령 임기가 끝나도 이 프로젝트가 계속될 가능성이 매우 높다고 생각합니다. 미국의 고민은 중국과의 패권 경쟁이며, 이는 트럼프 대통령만의 어젠다가 아닙니다.

바이든 행정부 말기에 이미 조선업 부활과 미국 해군력 부활이 필수적이라는 결론이 행정부와 의회에서 초당적인 지지를 받아 확정되었습니다. 지난 10년간 미 의회도 미국 해군 함정 신조를 위한 여러 지원과 예산 배정에 적극적이었습니다. 실제로 2023년 국방수권법(NDAA)에는 조선업 지원을 위한 여러 조항이 포함되었고, 민주당과 공화당 모두 찬성했습니다. 이것은 트럼프만의 어젠다가 아니라 초당적 합의이기 때문에, 정권이 바뀌더라도 기조는 유지될 것입니다.

관건은 이런 기조 속에서 우리가 어떻게 실속을 챙기느냐입니다. 구체적인 실행 과정에서 챙겨야 할 일이 많습니다. 특히 누가 어떻게 마중물이 될 주문에 돈을 댈 것인지가 중요합니다. 한국이 투자할 MASGA 펀드에서 펀딩할지, 미 연방정부 재정으로 충당할지, 아니면 새로운 방법을 찾을지는 더 지켜봐야 합니다.

한미 간 워킹 그룹에서 MASGA 프로젝트 후속 논의를 하면서 이 사안을 챙기고 있습니다. 조선 3사와 여러 기업들이 협업을 잘해서 너무 과하게 경쟁하지 않고 소기의 성과를 낼 수 있도록 해야 합니다.

다만 조선업체들은 독립심이 강해서 정부의 통제를 잘 따르는 편이 아닙니다. 그러니까 정부로서는 당근을 제시해야 합니다. 1,500억 달러 규모의 MASGA 펀드를 가지고 조선업체들에게 적절한 인센티브를 제공해야 합니다.

MASGA 펀드를 잘 활용해서 이참에 조선사들의 사업 구조를 더 튼튼히 만들자는 의견은 흥미롭습니다. 조선업은 고객인 해운사의 경기에 영향을 많이 받습니다. 3년 호황으로 7년 불황을 견뎌야 한다는 말이 이 업계에서는 상식입니다. 해운 불황이 너무 심해지면 조선소도 생존이 어려운 지경으로 치닫게 되므로, 금융을 잘 활용해야 합니다. 중국의 경우 해운 경기가 나빠져 조선소들의 경영이 어려울 때 이런 기법을 잘 활용했습니다. 조선소들은 정부 지원을 받아 리스 회사를 차리고, 배가 필요한 유럽 선주들에게 100% 금융을 제공했었습니다. 유럽 선사들은 해운 사이클을 잘 알고 있으므로 금융이 풀려서 배를 확보하면 큰 이익을 향후 낼 수 있다는 걸 알고 있었습니다. 하지만 일반 은행에서는 해운업 불황으로 이들에게 돈을 빌려주지 않았지만, 중국 조선소들은 100% 금융을 해줬기 때문에 이 시기 많은 유럽 선주들이 중국으로 발을 돌렸습니다.

이런 시스템이 발전하면서 중국의 일부 대형 조선소는 조선소이면서 동시에 선사이고, 대규모 금융업도 하는 복합 기업이 되었습니다. 일본도 미쓰이 상사 같은 종합상사 밑에 해운사, 조선소, 은행이 있어 서로 시너지를 내는 구조를 운영하고 있습니다. 중국이 일본 시스템을 카피한 것입니다.

우리 조선소들도 비슷한 구조를 만들지 못할 이유가 없습니다. 미국 정부가 "우리가 너희 배를 빌리거나 대기시킬 테니 얼마를 지급하겠다"라는 계약을 체결하면, 그 계약을 담보로 우리가 스스로 출자해서 배를 발주하고 미국 정부에 공급하는 방식도 충분히 가능합니다. 이런 방법도 적극 검토할 필요가 있습니다.

이런 차원의 의사결정을 3년 임기의 전문 경영인이 하기는 어렵습니다. 위험도 크고 기회도 크지만, 5년 이상 시간이 지나야 결과를 알 수 있기 때문입니다. 그래서 국내 대형 조선업 오너들의 의지가 중요합니다. 적어도 한화와 현대는 젊은 오너들의 의지가 강하고 도전을 두려워하지 않습니다. 한화의 의지가 특히 강해 보입니다. 다른 그룹은 몰라도, 한화그룹은 미국에서 전력을 다해 조선업을 해나갈 것으로 예상합니다.

MASGA 성공을 위한 세 가지 과제: 본진 강화가 먼저다

저는 이 시점에서 정책 당국에 우선 흥분을 가라앉힐 필요가 있다는 조언을 드리고싶습니다. 냉정하게 생각해야 합니다. 우리 조선업을 해외로 이전하든, 기술을 전수하든, 새로 만들든 간에 가장 중요한 대전제는 우리 본진이 탄탄해야 한다는 것입니다.

그런데 우리 본진이 지금 얼마나 탄탄할까요? 도전받지 않는 압도적 세계 1위의 지위를 유지하고 있을까요? 그렇지 않습니다. 우리 조선업체들의 현장이 지금 무너지고 있습니다. 무너진다는 말의 의미는 이렇습니다. 30년 이상의 경험을 가진 고기량 기능 인력들이 매년 1,000~2,000명씩 은퇴하고 있는데, 그 빈자리를 메워줄 새로운 인력을 충분히 확보하지 못하고 있습니다. 그럼 그 공백을 어떻게 메우고 있을까요? 협력사와 외국인 노동자로 커버하고 있습니다.

조선소의 장기적인 건강과 활력도를 평가하는 중요한 지표는 그 조선소가 얼마나 도전적인 배를 만드느냐입니다. 지금 우리는 LNG선으로 돈을 잘 벌고 대형 컨테이너선도 잘 만들고 있습니다. 하지만 해운업계에는 사이클이 있습니다. LNG선이 항상 많이 발주되는 것도 아니고, 컨테이너선 발주도 등락이 있습니다.

LNG선과 대형 컨테이너선을 제외하고 우리는 어떤 배를 만들어야 할까요? 대형 유조선처럼 기존에 잘했었고 지금 수익성이 괜찮은 배도 좋지만, 조선소 경영 상태가 괜찮을 때 새로운 배에 도전해야 합니다. 만들어 보지 않은 배를 건조하는 건 어렵고 돈을 벌기도 힘들지만 지금 도전하지 않으면 미래 시장이 열리지 않습니다. 대표적으로 호화 크루즈선 같은 배들입니다. 그런데 우리 업계는 지금 그런 새로운 배를 만들고 있을까요? 안 하고 있습니다. 그런 배를 지금 누가 제일 열심히 하고 있습니까? 중국 조선소들입니다.

중국 조선소들과의 원가 경쟁은 쉽지 않은 일이지만 경쟁 구도를 예측할 수 있고 대응 방법도 정해져 있습니다. 그들이 LNG선이나 대형 컨테이너선에서 우리의 입지를 위협하지만, 우리도 가만히 손 놓고 있지 않습니다. 원가 경쟁을 하든 생산성을 높이든 해서 어느 정도 그들을 견제할 수 있습니다. 진짜 무서운 것은 새로운 기술이 적용되는 미래의 배, 우리 업계가 지어보지 못한 배를 그들이 우리보다 먼저 도전하고 있다는 점입니다.

미래의 배란 무엇일까요? 예를 들어 온실가스 배출이 없는 암모니아 추진선, 5,000명 이상이 탑승하는 초대형 호화 크루즈선 같은 배들입니다. 우리도 미래의 배에 자원을 투입하고는 있지만 중국의 투자에 비하면 부족합니다. 왜 그들이 더 많이 투자할까요? 주로 유럽 선사들이 이런 배를 발주하는데, 호황기에 돈이 있으니 그들은 새로운 기술과 사양이 적용된 배를 갖고 싶어합니다. 해운도 경쟁이 치열하므로 차원이 다른 기술과 사양을 적용하여 성공적으로 건조되면 경쟁에서 승리할 수 있기 때문입니다. 그런데 한국 조선소에 오면 다른 일도 바쁘고 인원도 부족하니까 이런 안 해본 배, 기술과 사양이 새롭고 어려운 배의 가격을 높게 부릅니다. 반면 중국 조선소들은 적자를 감수하고 그런 배에 도전합니다.

이런 식의 패턴이 몇 년 동안 반복되면 어떻게 될까요? 완전히 새로운 배나 새로운 기술에 대한 경험이 그들에게 더 많이 쌓입니다. 우리가 과거에 일본을 이런 식으로 추월했습니다.

20년 전 LNG선 이야기에서 말씀드렸던 혁신과 변화를 우리가 왜 했습니까? 그래야 주문을 받을 수 있었기 때문입니다. 지나고 나서 보면 아름다운 이야기일 수 있지만, 그 당대에는 괴로운 선택이었습니다. 돈 안 되는 배를 왜 만드느냐는 반대도 많았지만 과감하게 도전했습니다. 그런데 조선소가 점점 커지고 돈을 많이 벌고 사람들의 경험이 쌓이고 나이가 들면 도전에 대한 반대가 강해지고 결국 도전을 못 하게 됩니다. 잃을 것이 많아지기 때문입니다. 반면 잃을 것이 없는 조선소는 거침없이 도전합니다.

그래서 미래 선종에 대한 경험을 쌓고 개발한 기술을 실증하는 일을 조선소에만 맡길 수 없습니다. 정부가 신경 써서 그런 배를 발주하고 당근과 채찍을 동원해서 조선소들을 채근해야합니다. 재정이 투입되고 기대한 만큼 시장이 열리지 않아 손해를 보더라도 해야 합니다. 미래 선종에 대한 도전을 조선소가 꺼리는 것은 어떤 의미에서는 당연한 귀결입니다. 상장된 대형 조선소들은 주주 이익을 최우선으로 고려해야 하므로 ROI(투자자본수익률)가 가장 잘 나오는 것을 만들 수밖에 없습니다.

정부가 신경 써서 당장 돈은 안 되지만 미래를 위해 건조해야 할 배는 앞장서서 발주해야 합니다. 미래에 대한 투자로 보고 정부 차원에서 챙겨야 합니다. 1990년 국적 LNG선 사업을 통해 대성공을 거둔 기억이 우리에게 남아 있습니다. 같은 목적으로 유사한 사업을 정부가 계속 해야 합니다. 이것이 첫 번째 과제입니다.

두 번째 과제는 매뉴얼화, 디지털화, 데이터화입니다. 우리가 자랑하는 복잡한 조선 생산 시스템이 얼마나 체계적으로 정리되어 있을까요? 잘 안되어 있습니다.

조선소의 생산 계획을 컴퓨터로 하고 자동화하고 인공지능을 적용하려는 노력을 많이 하고 있습니다. 하지만 여전히 잘 안됩니다. 왜일까요? 인공지능 학습에는 양질의 데이터가 필요한데, 조선소에는 양질의 데이터가 생각보다 부족합니다. 데이터가 부족하니 가비지 인 가비지 아웃garbage in, garbage out이 되고, 사람이 직접 계획을 세우고 관리하는 것보다 정확도가 떨어집니다.

이것이 왜 문제가 될까요? 미국뿐 아니라 인도, 브라질, 사우디 등 여러 나라가 한국의 조선소 시스템을 배우고 싶어 합니다. 그런 곳에 가서 용접공, 기계공, 도장공은 물론이고, 생산 계획을 짜는 사람도 훈련시켜야 하는데, 교재가 없습니다. 우리가 어떻게 정교한 생산 계획을 세우고 운영하는지, 자세한 매뉴얼이 없습니다. 시스템을 구축한 다음 하루하루 기가 막히게 잘 운영하고 있지만, 핵심 노하우가 문서로 정리되어 있지 않습니다.

우리의 시스템 운영은 간단히 말해 부장이 경험을 통해 숙달한 노하우를 옆에서 차장이 5년 동안 보고 배우고, 같은 부서 과장이 다시 이어받을 준비를 하는 식입니다. 이것을 외국에 가서 설명하려고 하면 말로 표현이 안 됩니다. 표현이 안 되니 가르칠 수도 재현할 수도 없습니다. 그래서 데이터화, 디지털화, 매뉴얼화가 더 이루어져야 합니다. 이 부분이 안 되면 해외 조선소를 짓는 것까지는 되지만, 운영하다 보면 금방 벽에 부딪히게 됩니다.

우리도 정확히 어떻게 하고 있는지, 데이터가 없어 실상을 제대로 모르는 경우가 많습니다. 각자 자기 맡은 일을 정말 잘하는 김 부장이 100명 있다고 칩시다. 그런데 이들은 각자 자기 분야를 아주 잘 알지만 다른 분야는 잘 모릅니다. 조선소 레이아웃이 바뀌고, 만드는 배가 바뀌고, 장비가 바뀌고, 사람이 바뀌면 모든 것이 새로운 문제가 됩니다. 그러면 100명의 김 부장도 문제를 못 풉니다.

항공산업과 자동차 산업은 이런 데이터화, 디지털화, 매뉴얼화가 아주 잘되어 있습니다. 대량생산을 하니까 모든 제품의 작은 부품까지 디지털화되어 있고, 공장에서 자동화 설비를 활용해 차를 대량생산합니다. 하지만 배는 세부 디테일이 배마다 다르고, 그 과정에서 필요한 암묵지가 너무 많습니다. 우리가 중국, 필리핀 등으로 진출했을 때 늘 겪었던 문제가 현지 작업자를 교육시킬 교재가 부족했고, 조선소를 어떻게 운영해야 할지에 대한 방법론을 우리 스스로 잘 정리하지 못했다는 것입니다.

매뉴얼을 만들어야 한다고 느끼면서도 왜 안 만들어질까요? 역설적인 이야기인데, 조선업 관련 직무 교육 매뉴얼을 국가에서 공들여 만들었지만 정작 현장에서 활용하지는 않습니다. 각 회사들의 현장 상황과 안 맞기 때문입니다. 조선소들은 공정별, 분야별로 자체적으로 작성한 매뉴얼들이 있기는 한데, 굉장히 오래됐고, 내용이 요즘 상황과 안 맞는 것도 많으며, 지속적으로 확충된 IT 시스템, ERP 시스템과 괴리가 큽니다.

일본은 거의 전집 수준의 매뉴얼이 있습니다. 모든 직종별로 상세한 사진과 그림이 포함된 전집이 있습니다. 직접 보면 디테일에 압도당하는 수준입니다. 맥도널드에서 감자튀김 만드는 것도 동작 하나하나까지 세밀하게 정리한 매뉴얼을 관리하는 나라가 미국입니다. 조선업 규모는 대폭 축소되었지만, 미국에도 작업 매뉴얼은 충실히 구비되어 있습니다. 그러니 제대로 된 매뉴얼이 없는 현실은 사실 부끄러운 일입니다. 회사 입장에서는 바쁘고 당장 돈이 안 되니까 이런 작업을 지속적으로 관심을 가지고 하기 어렵습니다. 직원들도 매뉴얼 만드는 일을 꺼립니다. 자기 노하우만 유출되고 공들여 만들어도 사장되는 경우가 많기 때문입니다. 공공성이 강하므로 국가가 나서서 해야 할 일입니다.

미국은 제2차 세계대전 때 배를 대량생산해야 했습니다. 당시 매릴린 먼로도 열아홉 살 때 비행기 공장에서 일했습니다. 그런 사람들을 데려와서 바로 일을 시켜야 했기 때문에 모든 것을 매뉴얼화했습니다. 그것이 미국 제조업이 폭발적으로 성장한 비결 중 하나였습니다. 이전에는 미국에도 매뉴얼이 없었는데, 갑자기 경험 없는 사람들을 공장에 투입해야 하니까 모든 것을 매뉴얼화한 것입니다. 일본도 1980년대 엔고 때문에 외국으로 많이 진출하면서 그런 필요를 절감하고 철저하게 매뉴얼을 만들었습니다.

MASGA 프로젝트처럼 대규모 사업을 위해서 우리도 매뉴얼을 철저하게 만들어야 합니다. 각 회사의 매뉴얼 중 일부는 공개하고 서로 공유해서 산업 전체의 자산으로 만들어야 합니다. 회사들에게만 맡겨 놓으면 진행이 어려운 일이므로 정부가 챙겨야 합니다.

세 번째 과제는 직영 인력 확충입니다. 더 많은 직영 인력을 채용해서 기술을 전수해야 합니다. 협력사 인력과 외국인 노동자에 의존하는 방식은 오래갈 수 없습니다. 직영과 같은 일 혹은 더 어렵고 힘든 일을 하는데 임금은 절반 수준이라면 누가 그런 일을 오래 하려고 하겠습니까? 또 많은 외국인 노동자들이 주말도 없이 일하지만 시간이 지나면 이들 중 다수는 본국으로 돌아가 가족들과 함께 사는 길을 택합니다. 숙련과 팀워크가 중요한 조선업에서 협력사 인력과 외국인 노동자에 과도하게 의존하는 건 호황 때나 가능한 일입니다. 생존 경쟁이 치열하게 전개되는 불황이 오면 이 인력들은 다 빠져나가게 되고, 그럼 그다음 호황기 때 주문이 넘쳐도 배를 제대로 만들 수 없게 됩니다.

MASGA는 기회이면서 동시에 도전입니다. 하지만 우리 조선업의 본진을 더욱 탄탄하게 해야만 해외 진출의 기회도 성공시킬 수 있습니다. 미래 선종 개발, 지식의 체계화, 직영 인력 확충이라는 세 가지 과제를 해결하면서 MASGA 프로젝트를 추진해야만 추진하기를 기대해 봅니다.

원자력 추진 잠수함의 부상: 결국은 안보다

MASGA 프로젝트를 논의하는 과정에서 또 하나의 중요한 이슈가 부상했습니다. 바로 원자력 추진 잠수함입니다. 한국 정부는 미국에 조선 분야 투자를 약속하면서 동시에 원자력 추진 잠수함용 고농축 연료 제공을 요청했습니다. 이 두 가지가 어떻게 연결되는지, 그리고 원자력 추진 잠수함이 왜 필요한지 이해하려면 먼저 한국 해군이 직면한 안보 환경을 살펴봐야 합니다.

많은 사람이 궁금해합니다. 원자력 추진 잠수함이 MASGA와 무슨 관계가 있는가? 왜 갑자기 이 이슈가 나온 것인가? 이것은 사실 갑자기 나온 이슈가 아닙니다. 한국 해군은 20년 전부터 원자력 추진 잠수함의 필요성을 제기해 왔습니다.

이 논의의 배경에는 북핵 문제가 있습니다. 북한의 핵무기가 본격적인 위협이 된 지 약 20년이 되었는데, 북한과 우리나라는 지리적으로 너무 가깝습니다. 만약 북한이 우리를 겨냥해 핵미사일을 발사한다면 요격할 시간은 고작 3~4분에 불과합니다. 그래서 정찰 자산으로 감시하다가 발사 징후가 보이면, 발사 전에 대응을 할 필요가 있습니다. 즉, 우리는 북한 핵미사일 발사대를 찾아서 무력화시켜야 합니다.

북한도 자신들의 무기가 실질적 위협이 되어야 개발 의미가 있다는 것을 알고 있습니다. 그래서 초기의 고정 발사대에서 이동 발사대로 전환했습니다. 요즘 영상에서 보이는 바퀴가 많은 특수 차량에 미사일을 싣고 다니는 것이 바로 이것입니다. 물론 이런 특수 차량은 군사 위성으로 추적할 수 있고, 탄도 미사일에 연료를 주입하려면 차량을 세워야 하기 때문에 그 과정에서 노출됩니다.

하지만 북한은 여기서 한 단계 더 나아갔습니다. 잠수함에서 발사하는 핵미사일 개발 성공을 선언한 것입니다. 북한은 아직 원자력 추진 잠수함 기술은 없지만, 기존 디젤 잠수함에서 핵미사일을 발사했다고 대대적으로 홍보해 왔습니다.

우리 해군의 고민은 명확했습니다. 북한의 핵미사일 탑재 잠수함이 가동 중이라면 우리는 이를 추적하고 제거할 수 있어야 합니다. 잠수함을 잡는 방법은 크게 두 가지입니다. 구축함이나 해상 초계기를 동원하는 방법이 있지만, 이들이 북한 영해로 들어가는 순간 전쟁이 발발할 수 있습니다.

결국 북한의 핵미사일 탑재 잠수함을 추적·제거하려면, 우리도 잠수함이 필요하고 그것도 북한 것보다 성능이 월등히 좋아야 합니다. 우리는 독일에서 고성능 디젤 잠수함 기술을 도입하고 국산화했지만, 장시간 상대 잠수함을 추적하려면 원자력 추진 잠수함이 필요하다는 결론에 도달했습니다.

디젤 잠수함의 작동 원리는 이렇습니다. 디젤 기관으로 배터리를 충전하고, 물속에서는 공기를 흡입할 수 없으니 그 배터리로 운항합니다. 납 배터리를 사용하면 약 사흘 정도 작전이 가능합니다. 사흘이 지나면 수면으로 올라오거나 공기 흡입구를 수면 위로 내밀어야 하는데, 수심 15~20미터까지 올라오면 성능 좋은 감시 장비로 탐지됩니다.

잠수함의 핵심은 수중에서 은밀하게 작전을 수행하는 것인데, 일반 디젤 잠수함은 이런 작전을 고작 사흘밖에 못 합니다. 동해는 수심이 깊고 복잡한 해역입니다. 상대 잠수함이 동해로 들어가 사라지면 찾아다녀야 하는데, 우리 잠수함이 추적 중이라는 사실이 노출되면 상대는 다른 곳으로 이동해 버립니다. 추적자 잠수함은 반드시 상대방보다 더 오래 물속에 있어야 합니다.

우리는 디젤 잠수함을 계속 개량해 왔습니다. 처음에는 사흘 동안 작전이 가능한 잠수함에서 시작해, AIP_{Air Independent Propulsion}(공기 불요 추진) 시스템을 도입했습니다. 공기 없이도 더 많은 동력을 낼 수 있는 연료전지나 스털링 기관을 사용하는 기술인데, 이를 통해 수중 작전 기간을 2주까지 늘렸습니다. 많은 발전이 있었지만, 해군의 근본적 우려는 여전했습니다. 만약 북한

이 진짜 원자력 추진 잠수함을 만든다면 우리는 어떻게 추적할 것인가? 결론은 명확했습니다. 우리도 반드시 원자력 추진 잠수함이 있어야 한다는 것입니다.

원자력 추진 잠수함은 기계적으로는 1년 이상 물속에 있을 수 있습니다. 원자로가 공기 없이도 계속 전기를 만들어 내고, 전기만 있으면 물을 전기분해 해서 산소를 만들 수 있기 때문입니다. 이론적으로 충분한 식량과 전기가 있는 한 수중 작전을 계속할 수 있습니다.

다만 승조원들의 폐소공포증이 문제입니다. 미국 해군도 작전 기간을 최대 두 달로 제한합니다. 잠수함 내부는 감옥보다 더한 환경입니다. 디젤 잠수함 내부에는 온갖 장비로 가득해서 여유 공간이 협소합니다. 엔진룸의 경우 양쪽에 디젤 엔진이 있고 사람이 겨우 지나갈 만한 좁은 통로가 있습니다. 우리나라에서 가장 큰 잠수함의 침실도 3층 침대가 빽빽하게 들어차 있을 정도로 공간이 부족합니다. 이런 좁고 빽빽한 환경에서 2주도 견디기 쉽지 않은데, 두 달 이상 지나면 대부분의 승조원이 정상적인 판단력을 잃는다고 합니다. 그래서 두 달 정도 지나면 무조건 수면으로 올라와 햇빛을 쐬고 신선한 공기를 마셔야 합니다.

몸을 뉘일 공간조차 여의치 않은 잠수함의 근무 환경.

디젤 잠수함의 내부 통로는 사람 한 명이 겨우 지나다닐 정도로 좁다.

원자력 추진 잠수함의 첫 번째 장점은 오랫동안 물속에 있을 수 있다는 것이고, 두 번째 장점은 수중에서 속도를 빠르게 낼 수 있다는 것입니다. 배터리로 2주를 간다고 해도 수중 운항 속도는 5~6노트에 불과합니다. 최대 속도를 내도 20~25노트가 한계이고, 그렇게 속도를 내면 하루 만에 배터리가 소진됩니다. 반면 원자력 추진 잠수함은 수중에서 30노트로 무제한 항해할 수 있습니다.

잠수함의 중요한 목적은 상대국 해군력을 견제하고 필요하면 계속 따라다니며 위협하는 것입니다. 만약 상대 함선이 우리 잠수함보다 빠르다면 따라다니며 위협하기 어렵습니다. 예를 들어 북한이나 중국의 잠수함과의 대치 상황을 가정해 봅시다. 상대 잠수함은 수중에서 30노트로 달릴 수 있는데 우리 잠수함은 수중에서 최대 20노트밖에 못 낸다면, 상대가 작정하고 도망가면 방법이 없습니다.

어뢰를 발사하더라도 사정거리가 있고, 상대가 어뢰 발사를 감지하면 미끼decoy나 대응 무기를 발사할 수 있습니다. 물속에서 속도가 빨라야만 빠른 아군 함선도 엄호할 수 있고, 속도가 빠른 적 함선도 마킹하고 공격하며 견제할 수 있습니다.

해군이 원자력 추진 잠수함 소요를 제기한 것은 20년 전입니다. 그때부터 정부는 기술 검토를 시작했습니다. 흥미로운 점은 미국 해군의 모든 잠수함이 원자력 추진이라는 사실입니다. 미국 함대를 엄호하려면 함대가 전속력으로 전진할 때 잠수함이 뒤처지면 안 되기 때문입니다. 그래서 미국 잠수함들은 모두 원자력 추진 방식이며 크기도 꽤 큽니다.

특히 거대한 잠수함들은 대륙간 탄도 미사일(ICBM)을 탑재한 전략 미사일 잠수함입니다. 이런 잠수함들은 최후의 전쟁 수단으로 준비되는 것들입니다. 이들은 수심 300미터 이하의 대양 깊은 바다에서 대기하고 있다가 상대국이 우리나라에 핵미사일을 발사하면 보복 공격을 하는 게 주 임무입니다. 우리는 이런 전략 미사일 잠수함 확보를 추구하지는 않습니다. 우리는 핵미사일을 만들 계획이 없으니까요.

우리가 필요로 하는 것은 원자력 추진 공격 잠수함입니다. 이런 잠수함들은 적 잠수함을 잡거나, 함대를 엄호하거나, 다른 나라 해군을 견제하는 역할을 합니다. 우리나라의 현재 주력 잠수함은 장보고-III급으로 배수량은 최대 4,000톤에 길이가 89미터인데, 원자력 추진 잠수함은 이보다 훨씬 큽니다.

잠수함이 크면 여러 장점이 있습니다. 일단 승조원들에게 훨씬 많은 공간을 줄 수 있습니다. 어떤 사람들은 "승조원에게 공간을 주자고 조 단위 예산을 쓰자는 것이냐?"라고 반문하지만, 이것은 그렇게 단순한 문제가 아닙니다. 현재 우리나라는 디젤 잠수함 승조원을 구하지 못해 어려움을 겪고 있습니다.

너무 힘든 일이라 해군 부사관들이 잠수함 근무를 기피합니다. 실제로 '이건 사람이 할 일이 아니'라며 그만두는 경우가 많습니다. 대표적인 예로, 2주간의 수중 작전 중에는 씻을 물이 부족해 물티슈로 얼굴을 닦는 것으로 세수를 대신합니다. 물을 저장할 공간도 부족하고 샤워할 공간도 부족합니다. 이렇게 열악한 환경에서 근무하는 것이 힘들어 수당을 올려주고 있지만 그것만으로는 부족합니다. 잠수함을 탈 사람이 없어 전력을 늘리기 어려운 실정입니다.

반면 미국의 로스앤젤레스급이나 오하이오급 잠수함은 실내 공간이 훨씬 넓습니다. 작지만 안에 체육관도 있고, 식당도 별도로 있습니다. 세계에서 제일 큰 러시아의 원자력 추진 잠수함에는 사우나와 목욕탕도 있습니다. 잠수함이 커도 승조원 수가 2배로 늘어나는 것은 아닙니다. 승조원 숫자는 크게 차이가 없지만, 배정되는 공간이 넓어져서 훨씬 여유 있게 운영할 수 있습니다.

두 번째로, 잠수함이 커지면 무기를 더 많이 실을 수 있습니다. 현재 우리나라 디젤 잠수함도 수직 발사관을 통해 미사일을 발사할 수 있는데, 지금은 6기를 탑재하고 있습니다. 새로 건조

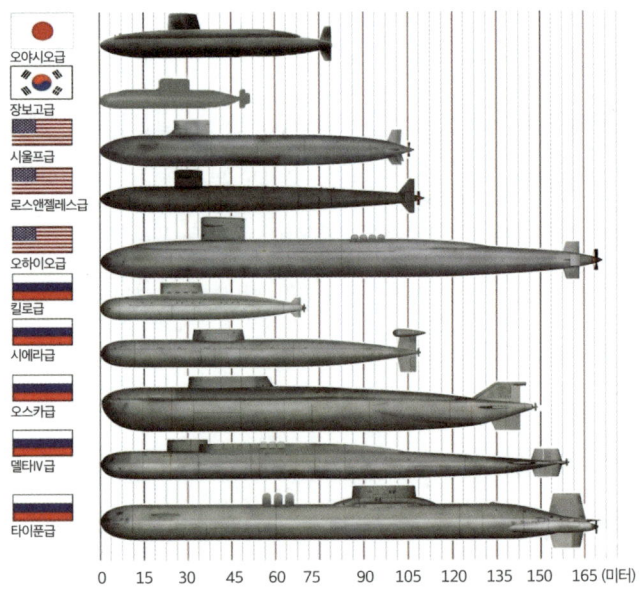

잠수함의 함급별 크기 차이.
*하단의 수치는 피트 단위를 대략적인 참고만을 위하여 어림하여 환산한 것이다.

중인 잠수함은 10기까지 늘렸지만, 필요하면 더 실을 수 있으면 좋을 것입니다. 디젤 잠수함은 크기를 키우는 데 한계가 있지만, 원자력 추진 잠수함은 크기가 커지면서 더 많은 무기를 탑재할 수 있습니다. 속도도 빠르고, 결국 크기가 커지면서 훨씬 더 강력한 무기 체계가 됩니다.

여기서 한 가지 의문이 들 수 있습니다. 영화에서는 잠수함이 조용한 것이 생명이라고 하는데, 원자력 추진 잠수함이 디젤 잠수함보다 더 조용할 수 있을까요? 이 질문에 대한 답은 약간 복잡합니다. 원자력 추진 잠수함이 디젤 잠수함보다 시끄러운 것도 맞고, 조용한 것도 맞습니다.

잠수함이 30노트로 전속 전진하면 시끄럽습니다. 이것은 전술적 필요로 인해 탐지될 것을 각오하고 빠르게 기동하는 것입니다. 하지만 디젤 잠수함만큼 속도를 낮추면 그만큼 조용해집니다. 결국 속도의 문제입니다.

두 번째 차이는, 디젤 엔진은 완전히 끌 수 있지만 원자력 엔진은 끌 수 없다는 점입니다. 원자로는 한번 가동하면 계속 돌아가기 때문에 펌프로 냉각수를 계속 순환시켜야 합니다. 과거 러시아 잠수함은 냉각 펌프 기술이 좋지 않아 계속 소음이 발생했지만, 미국 잠수함은 특수 기술을 적용해 소음을 거의 제거했습니다.

원자력 추진 잠수함에서 중요한 것은 얼마나 소음을 줄이느냐 하는 것입니다. 이것은 최첨단 군사 기술입니다. 원자로와 핵연료를 확보하는 것도 중요하지만, 초저소음 기술도 그만큼 중요합니다. 다행히 우리나라는 디젤 잠수함을 여러 척 만들면서 소음 경감 기술에 대한 경험을 많이 쌓았기 때문에, 이 부분은 해볼 만하다고 판단하고 있습니다.

실제로 원자력 추진 잠수함을 만들려면

그렇다면 원자력 추진 잠수함을 만드는 데 가장 어려운 점은 무엇일까요? 우리도 배를 잘 만드는데, 원자력 추진 잠수함은 어떤 점이 핵심적이고 어려운 걸까요?

잠수함의 내부를 보면 그 답을 알 수 있습니다. 빈틈이 하나도 없습니다. 그 안에 보이는 것이 모두 필요한 부품입니다. 잠수함 건조가 어려운 이유는 설계 오류를 전혀 허용하지 않는다는 점입니다. 완벽하게 들어맞지 않으면 조립 자체가 불가능합니다.

일반 선박은 여유 공간이 있어서 약간의 오차가 있어도 조정할 수 있습니다. 하지만 잠수함은 정말로 모든 기기들이 빽빽하게 들어차 있기 때문에 하나라도 맞지 않으면 옆으로 조금 옮기는 것조차 불가능합니다. 예를 들어 한 모듈과 옆 모듈을 연결하는 파이프가 있다고 가정해 봅시다. 이 파이프들이 정확하게 맞아떨어져야 합니다.

만약 20밀리미터나 30밀리미터 정도 단차가 생겼다면? 일반 배는 뜯어서 고치면 됩니다. 위치를 조금 올리거나 빼면 되니까요. 하지만 잠수함은 그럴 수가 없습니다. 옮길 공간 자체가 없기 때문입니다. 그러니까 정밀도가 정확하게 맞아야 하고, 조립 순서도 완벽하게 계산되어야 합니다.

엔지니어들이 가끔 실수하는 경우가 있습니다. 설계상으로는 완성된 상태가 존재할 수 있는데, 그 상태까지 조립할 방법이 없는 경우입니다. 예를 들어 어떤 모터 뒤에 파이프가 있는데, 그 파이프를 조이려면 공구를 넣어야 하는데 공구를 넣을 방법이 없는 경우입니다. 그러면 만드는 과정에서 이것은 조립할 방법이 없다는 결론이 나고, 설계를 다시 해야 합니다. 관련된 기기와 부품도 바꿔야 합니다. 그래서 잠수함에 들어가는 장비를 차곡차

곡 설치하는 과정에서 오류가 나면 안 되기 때문에 설계가 복잡하고 어렵습니다. 설계 기간이 길고 어려운 게 첫 번째 어려움입니다.

두 번째 어려움은 이 많은 것을 집어넣었을 때 균형이 맞아야 한다는 점입니다. 잠수함을 다 만들고 물에 넣었을 때, 특히 초도함의 경우 균형을 못 맞추는 일이 종종 발생합니다. 물속에서는 부력과 무게 중심의 균형이 조금만 어긋나도 잠수함이 수

온갖 장비가 빽빽하게 들어찬 소련의 원자력 추진 잠수함 내부.

평을 유지하지 못합니다.

이것을 내부의 물탱크를 이용해 조절하지만, 처음 만든 잠수함은 이것을 정확히 맞추기 어렵고 조작을 잘못하면 자칫 잠수함이 물속에서 수직으로 서버리는 경우가 있습니다. 한번 서면 아무리 물탱크를 조절해도 수평으로 돌아오기가 매우 어렵습니다. 우리나라도 과거에 이런 사고가 있었습니다. 잠수함을 만들어 물에 넣었는데 물속에서 그만 수직으로 서버린 것입니다. 결국 잠수함 구난함의 도움을 받아야 했습니다. 그만큼 잠수함은 만들기 어렵습니다.

그렇다면 디젤 잠수함도 어렵지만 원자력 추진 잠수함은 더 어려울까요? 원자력 추진 잠수함이든 디젤 잠수함이든 장비를 빽빽하게 넣는 것은 똑같습니다. 하지만 원자력 추진 잠수함에는 추가적인 어려움이 있습니다.

프랑스도 원자력 추진 잠수함을 운영하는데, 원자력 추진 잠수함에는 까다로운 특징이 있습니다. 잠수함을 처음 만들어 10년 정도 운영하다 보면 무기가 바뀌거나 레이더, 무장 체계가 바뀔 수 있습니다. 그러면 업그레이드를 해야 합니다. 일반 배는 업그레이드를 위해 장비를 뜯어내고 교체하면 되는데, 잠수함은 뜯어낼 수가 없습니다. 뜯어낸 장비를 꺼낼 방법이 없기 때문입니다. 전부 막혀 있고, 고압을 견뎌야 하니 사람이 드나드는 통로도 사람 하나 겨우 지나갈 정도밖에 없습니다.

그래서 어떻게 해야 하느냐? 잠수함을 잘라야 합니다. 김밥 썰 듯 잠수함 선체를 절단해서 필요한 장비를 꺼내고 새 장비를 넣은 다음 다시 용접해서 붙여야 합니다. 이것이 잠수함의 어려운 점입니다.

여기서 원자력 추진 잠수함의 핵심 기술 문제가 등장합니다. 원자력 추진 잠수함은 핵연료를 넣고 원자로를 점화시키면 핵연료가 핵분열 반응을 일으키며 열을 발생시킵니다. 핵연료에 들어가 있는 핵분열 물질은 시간이 지나면서 소진되며, 일정량 이하가 되면 필요한 만큼의 충분한 열을 발생시키지 못합니다. 이렇게 되면 기존 핵연료는 꺼내고 새 핵연료를 넣어주어야 합니다. 이를 연료봉 주입과 교환이라고 하는데, 일반 대형 원전의 경우 이 주기가 2년입니다.

먼저 '농축도'가 무엇인지 설명하겠습니다. 자연 상태의 우라늄은 대부분 우라늄-238이고, 핵분열을 일으키는 우라늄-235는 0.7%밖에 없습니다. 원전을 가동하려면 이 우라늄-235의 비율을 인위적으로 높여야 하는데, 이것을 '농축'이라고 합니다. 농축도 5%라는 것은 우라늄 덩어리 중 5%가 우라늄-235라는 뜻입니다.

일반 대형 원전에 들어가는 연료봉의 농축도는 4.5~5% 정도입니다. 마치 커피 농도와 비슷합니다. 연하게 탄 커피는 오래 마실 수 없듯이, 저농축 연료는 18개월마다 교체합니다. 18개월이 지났다고 해서 그 안에 들어있던 우라늄-235가 모두 핵분열로 사라진 것은 아닙니다. 하지만 더 이상 효율적으로 핵분열 반응이 진행되지 않으므로 교체해야 합니다.

그런데 미국은 잠수함 개발 과정에서 이런 번거로운 일을 하기 싫었습니다. 저농축 연료의 교체 주기마다 잠수함을 절단해서 연료를 교체한다는 것은 말이 안 되는 일입니다. 그래서 어떻게 했을까요?

농축도를 90%까지 올린다는 것은 마치 에스프레소를 100배 농축한 것과 같습니다. 농축도를 최대 97%까지 올린 연료를 한 번 넣으면 30~40년 동안 사용할 수 있습니다. 잠수함 수명이 다할 때까지 연료 교환이 필요 없는 것입니다.

이것을 고농축 연료Highly Enriched Uranium, HEU라고 합니다. 미

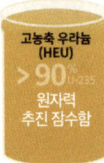

우라늄-235의 농도에 따른 분류와 사용처.

국 해군의 모든 원자력 항공모함과 잠수함이 이 고농축 연료를 사용합니다. 이것이 얼마나 편리한지, 미국 해군 항공모함 USS 제럴드 포드호Gerald R. Ford class aircraft carrier는 2017년에 취역한 이후 한 번도 연료를 교체하지 않았고, 2050년대까지 교체할 필요가 없습니다.

그런데 문제가 있습니다. 이 고농축 연료로 무엇을 만들 수 있을까요? 바로 핵폭탄입니다. 제2차 세계대전 당시 히로시마에 투하된 원자폭탄 '리틀 보이'에 사용된 우라늄의 농축도가 80% 이상이었습니다. 현대 핵무기는 90% 이상의 고농축 우라늄을 사용합니다. 즉, 원자력 추진 잠수함에 들어가는 연료와 핵폭탄 재료가 사실상 같은 것입니다.

물론 잠수함 연료를 바로 핵폭탄으로 쓸 수는 없습니다. 연료봉 형태를 바꾸고, 기폭장치를 만들고, 여러 복잡한 과정이 필요합니다. 하지만 가장 어렵고 핵심적인 부분인 '고농축 우라늄 확보'가 해결되는 것입니다. 테러리스트가 원자력 추진 잠수함을 탈취해서 연료만 빼간다면? 충분히 위협적입니다.

당연히 미국이 이것을 함부로 다른 나라에 공급할 리가 없습니다. 미국이 유일하게 이 기술을 제공한 나라는 영국뿐입니다. 1957년 스푸트니크 쇼크(1957년 10월 4일, 소련이 미국보다도 빠르게 세계 최초의 인공위성 스푸트니크 1호 발사에 성공한 사건)를 겪은 미국은 서방 동맹과의 결속을 다지기 위해 1958년 미·영 상호방위협정을 체결합니다. 이후 미국은 파격적으로 원자력에 들어가는 소형 군용 원자로를 통째로 영국에 판매하였고, 무기급 고농축 우라늄도 제공하였습니다. 이 과정에서 미국 해군의 반발이 심했지만, 미국 수뇌부의 의지가 강했습니다. 그 덕에 영국은 난해한 기술 개발 과정을 대폭 단축해서 1963년 세계에서 두 번째로 원자력 추진 잠수함을 확보했습니다.

프랑스는 어떻게 했을까요? 프랑스도 1959년 미국에게 같은 요청을 했으나 거절당했습니다. 그러자 드골 대통령은 자주 국방 노선을 천명하고 우선 핵무기 확보에 집중합니다. 프랑스는 1960년 핵실험에 성공하여 세계 네 번째의 핵무기 보유국이 되었습니다. 하지만 원자로를 소형화하는 것도, 여기에 필요한 HEU를 자체적으로 생산하는 것도 매우 어려웠습니다. 어렵사리 핵무기는 만들었지만, 농축하는 데 비용이 너무 많이 들었습니다.

프랑스는 고민 끝에 저농축 연료를 선택했습니다. 처음에는 7% 농축도 연료를 사용했고, 최근에는 농축도를 20%까지 끌어올렸습니다. 자체 기술 개발을 거쳐야 했으므로 잠수함 건조에 오랜 시간이 걸렸고 1971년에 첫 번째 원자력 추진 잠수함을 확보했습니다. 문제는 저농축 연료를 채택했기 때문에 6~7년마다 잠수함을 잘라서 연료를 다시 넣어야 한다는 것입니다.

우리나라도 초창기에 원자력 추진 잠수함을 검토할 때 저농축 연료도 검토했습니다. 하지만 해군에서 바로 이걸로는 안 된다, 고농축 연료를 써야 한다는 결론을 내렸습니다. 이유는 명확합니다. 잠수함을 자르고 수리하는 데 몇 달이 아니라 최소 2년 이상 걸립니다. 잠수함을 절단한 후, 원자로를 냉각시키고 연료봉을 교체한 후 다시 용접하고 테스트를 많이 해야 하는 등 복잡한 작업이기 때문입니다.

비싼 돈 주고 잠수함을 확보했는데 7년 쓰고 2년 동안 수리를 해야 한다면? 그 기간을 커버할 잠수함이 추가로 필요합니다. 결국 획득 비용이 너무 많이 드는 것입니다. 그래서 우리 군은 고농축 연료가 필요하다고 결론 내렸습니다. 고농축 연료만 구해 주면 나머지는 국내 원자력 기술로 어떻게든 만들 수 있다는 것이 우리 입장입니다.

그런데 그 고농축 연료는 누구한테 받아와야 할까요? 미국입니다. 트럼프 대통령에게 요청한 것이 바로 이것입니다. 그런데 이것이 핵폭탄 재료 아닙니까? 그래서 정확하게 말해야 했습니다. "핵무기를 만들 생각도 없고 재래식 무기를 탑재하는 잠수함입니다. 원자력 추진 잠수함에 연료를 공급해 주십시오." 굳이 그 자리에서 고농축이니 저농축이니 하는 기술적 용어를 쓸 필요는 없었지만, 맥락상 고농축 연료를 요청한 것입니다.

이것은 일종의 거래입니다. 우리가 MASGA로 미국 조선업을 살려줄 테니, 반대급부로 고농축 연료를 달라는 것입니다. 물론 MASGA를 하는 데 원자력 추진 잠수함이 꼭 필요한 것은 아닙니다. 프랑스처럼 저농축 연료를 이용해서 원자력 추진 잠수함을 운영할 수 있습니다. 해군이 고농축 연료를 쓰는 원자력 추진 잠수함이 10대 필요할 경우, 저농축 연료를 쓰는 원자력 추진 잠수함을 15대 만들어 돌려쓰면 됩니다. 돈으로 해결할 수 있습니다.

필요 예산이나 유지보수 측면에서 고농축 연료가 유리하지만 미국에 연료 공급을 의지하면 자주국방의 원대한 목표에 상충된다는 의견도 있습니다. 프랑스의 최신 사례처럼 20% 농축도의 연료를 우리 기술로 확보해서 쓰자는 것입니다. 우리는 1972년 체결한 한미 원자력 협정(정식 명칭은 '원자력의 민간이용에 관한 대한민국 정부와 미합중국 정부 간의 협력을 위한 협정')을 통해 미국으로부터 원자력 기술을 도입했습니다. 이 협정은 2015년에 개정되었는데, 개정된 내용 중에는 "상호 협의와 서면 합의가 있을 경우 농축도 20% 미만으로 농축될 수 있다"라는 표현이 있습니다. 그래서 일부에서는 20%까지 미국의 동의를 얻어 우리 스스로 농축하자고 주장합니다.

그런데 저농축 연료를 사용할 경우 고려할 점이 또 있습니다. 원자력 추진 잠수함에서 연료봉을 교체할 때 기존에 사용한 연료봉 처리 이슈입니다. 이들은 고준위 방사성 폐기물인데, 우리나라 법상 갑자기 군항이 방사성 폐기물 처리 장소가 되는 것입니다. 이것은 상당히 민감한 문제입니다. 원자력은 일부 사람들에게 공포의 대상입니다. 인천, 평택, 진해, 제주 등의 군항에서 원자력 추진 잠수함을 절단하고 방사성 폐기물이 나온다면 주민들의 반발이 클 수 있습니다. 프랑스의 경우 국내에 사용후핵연료 재처리 시설이 있으므로 이곳을 통해 잔존 우라늄-235는 뽑아내어 재농축하는 등의 과정을 거칩니다. 하지만 우리나라는 자체적인 사용후핵연료 재처리 시설이나 농축 설비가 없기 때문에 제약이 있습니다.

물론 고농축 연료도 이 문제에서 자유롭지 못합니다. 고농축 연료는 기본적으로 군사용이기 때문에 민수용과는 처리 방식이 다르고 자칫 무기급 핵물질을 뽑아낸다는 의혹을 살 수도 있습니다. 고농축 연료는 연료봉의 구조 자체가 재활용이 어렵다는 기술적인 문제도 있습니다. 그래서 미국도 오래된 원자력 추진 잠수함이나 핵 항공모함에서 나온 폐연료를 처리하지 못하고 현재는 적절한 처리를 한 후 저장만 하고 있습니다. 아직 완전한 처리 방법을 찾지 못했습니다.

이런 여러 이슈들을 고려할 때, 저는 우리 군이 연료 교체가 필요 없는 90% 이상의 고농축 연료를 도입해 30~40년 쓸 수 있는 원자력 추진 잠수함을 확보하려 한다고 생각합니다.

그렇다면 미국이 이것을 승인할 가능성은 어떨까요? MASGA와 직접적인 연결고리는 아니지만, 민감한 사안이라 안 줄 가능성도 상당합니다. 사실 이렇게 요청이 나왔을 때 모두가 놀랐고, 트럼프 대통령이 다음 날 허용했다고 하니 또 놀랐습니다. 하지만 세부 사항을 들여다보면 미국에서 의회 동의를 받아야 할 것으로 예상됩니다. 미국에서는 중요한 무기 기술을 해외에 이전할 때 반드시 의회 동의를 받아야 합니다.

참고할 만한 선례가 있습니다. 몇 년 전 호주가 미국과 AUKUS라는 안보 동맹을 맺었습니다. 호주는 우리가 넓은 영해를 방어하고 중국을 견제하는 데 도움을 줄 테니 원자력 추진 잠수함을 팔아달라고 요구했습니다. 미국이 고민 끝에 내린 결론은 이렇습니다. "처음 몇 대는 빌려주겠다. 그다음부터는 호주에서 자체적으로 원자력 추진 잠수함을 만들 때 연료와 추진 모듈을 완전히 밀봉된 패키지로 제공하겠다. 호주는 자국 조선소에서 잠수함을 만들되, 추진 모듈의 내용은 볼 수도 없고 뜯을 수도 없다." 이렇게 조건을 달았습니다.

제 추측이지만, 미국이 한국의 원자력 추진 잠수함 확보를 허용하고 고농축 연료를 제공한다 해도 호주 사례처럼 밀봉 패키지화해서 줄 가능성이 높습니다. 이미 우리가 미국에서 수입하여 사용하는 첨단 무기들에 전례가 있기 때문입니다. 우리가 미국에서 도입한 F-35 전투기에 들어가는 핵심 통신 모듈, 고정밀 센서, 무기 시스템은 설령 고장이 나더라도 우리 인력이 직접 수리할 수 없습니다. 특수한 기술로 봉인되어 있어 무리하게 열려고 하면 미국에서 다 알게 되어 있습니다. 쓰다가 고장이 나면 시간과 비용이 많이 들지만 전부 미국으로 보내 고쳐야 합니다.

F-15K 전투기에 '타이거 아이Tiger Eye'라는 특수 센서가 있는데, 2011년 장비가 작동하지 않자 우리 공군 정비사가 별생각 없이 덮개를 열고 먼지를 청소하려다 봉인이 손상되는 일이 있었습니다. 이 일은 그 후 1년 동안 한미 간에 큰 문제가 되었습니다. "한국이 기술을 탈취하려고 뜯은 것 아니냐, 누가 뜯었느냐, 조사해라" 등등의 미국 측 항의가 있었고, 엑스레이 촬영까지 하면서 철저한 조사가 이루어졌습니다. 이후 미국 측은 한국 측에 수출한 무기에 대한 보안 감찰을 철저하게 수행하고 있습니다. 미국으로서는 자국의 첨단 방위산업 기술을 보호하기 위해 그만큼 예민한 것입니다.

그래서 어떤 사람들은 호주의 AUKUS 프로그램 사례를 들어, 원자력 추진 잠수함에 들어가는 고농축 연료를 미리 장입한 추진 모듈을 우리 측에 패키지화해서 제공할 뿐 아니라 이후 건조 과정을 세밀히 모니터링하고, 심지어 잠수함 운영 과정에서 미군이 한 명 탑승할 것이라고 예측합니다. HEU는 무기급 고농축 연료이므로 극단적으로 가정하면 테러리스트가 인도받은 잠수함을 탈취해서 뜯어 연료만 가져가면 그것이 핵폭탄 재료가 될 수 있기 때문입니다.

결국 일각에서 기대하는 것처럼 원자력 추진 잠수함을 건조할 준비가 다 되어 있어, 미국이 연료만 제공하면 된다는 희망은 사실이 아닐 가능성이 큽니다. 고농축 연료를 미국이 우리에게 공급하더라도 우리가 관련 기술을 확보하거나, 제약 없이 자유롭게 활용하는 것은 현실적으로 어려울 수 있습니다. 이 분야를 오랫동안 연구한 전문가들은 이재명 대통령의 발언에도 놀랐고, 미국이 허용한 것에도 놀랐지만, 앞으로 정리해야 할 일이 많다고 말합니다.

이 문제를 논의하기 위해 한미 간 실무자 협의체가 가동되어 세부 사항을 조율할 것입니다. 결국 원자력 추진 잠수함에 들어가는 연료는 군사적 목적에서 가공된 것이므로 한미 원자력 협정에서 말하는 "원자력 기술의 평화적 이용"은 아닙니다. 기존 협정 구조와는 맞지 않는 이슈이므로 양국이 어떤 구조와 체계를 정립하여 이행할 것인지가 중요합니다. 또한 연료만 주는 것인가, 추진 체계까지 패키지로 주는 것인가, 밀봉해서 주는 것인가? 아니면 호주 사례처럼 미국에서 건조한 원자력 추진 잠수함을 빌려주는 것인가? 그도 아니면 아예 한국 조선소가 미국에서 건조한 후 우리가 수입해서 쓰라는 식으로 귀결될 수도 있습니다. 우스갯소리로 "뒷부분은 미국 것을 주고 앞부분은 너희가 붙여서 써라" 같은 방식도 가능할까요?

지금은 알 수 없습니다. 정확한 것은 앞으로 논의를 통해 정리되겠지만 일단 지금으로서는 트럼프 대통령이 선수를 쳤습니다. 한국이 필요한 원자력 추진 잠수함을 미국에서, 필리조선소에서 만들라고 말한 것입니다. 이 말의 의미는 명확합니다. 원자력 추진 잠수함 연료를 쉽게 우리에게 공급하거나 우리가 자체적으로 원자력 추진 잠수함을 건조하게 할 생각은 없다는 것입니다. 제 생각에는 이 대통령의 요청을 듣고, 시차도 있으니 숙소에서 관계자들끼리 치열한 논의가 있었을 것입니다. 그리고 트럼프 대통령이 큰 방향을 결정한 다음 본인이 소셜미디어에 올렸을 것으로 추측합니다.

MASGA와 한국의 선택

MASGA 프로젝트와 원자력 추진 잠수함 논의를 통해 우리는 몇 가지 중요한 사실을 확인했습니다.

첫째, MASGA는 기회이면서 동시에 도전입니다. 미국 해군 예산 400억 달러 시장에 진입할 수 있다는 것은 분명한 기회입니다. 하지만 미국의 복잡한 관료 체계, 기존 미국 방산업체들의 저항, 제조업에 대한 미국 사회의 낮은 관심 등 극복해야 할 장애물도 만만치 않습니다.

둘째, 성공의 열쇠는 '본진 강화'에 있습니다. 미래 선종 개발, 지식의 체계화, 직영 인력 확충이라는 세 가지 과제를 해결하지 않고서는 해외 진출도 성공하기 어렵습니다. 울산과 거제의 조선소가 탄탄해야 필리조선소도 성공할 수 있습니다.

셋째, 원자력 추진 잠수함은 한국 해군의 숙원이지만, 실현 과정은 험난할 것입니다. 90% 이상의 고농축 연료 제공은 단순한 공급이 아니라 미국의 핵심 안보 기술을 공유하는 사안이므로, 의회 동의부터 구체적인 제공 방식 결정까지 해결해야 할 과제가 많습니다. 호주의 AUKUS 사례처럼 완전히 밀봉된 패키지 형태로 제공될 가능성이 높고, 우리가 기대하는 수준의 기술 자립은 어려울 수 있습니다.

넷째, 이 모든 것은 한미 관계의 새로운 장을 여는 계기가 될 것입니다. 냉전 시대의 일방적인 원조 관계에서, 경제 협력 관계를 거쳐, 이제는 안보와 산업이 결합된 전략적 동반자 관계로 진화하고 있습니다. 한국이 미국 조선업을 살려주고, 미국이 한국 해군력 증강을 도와주는 이 구조는 양국 모두에게 이익이 될 수 있습니다.

하지만 중국이라는 변수를 결코 잊거나 무시해서는 안 됩니다. 미국이 조선업 재건에 나선 이유는 중국과의 패권 경쟁 때문이고, 한국이 원자력 추진 잠수함을 원하는 이유도 북한과 중국의 위협 때문입니다.

향후 30년은 동아시아 해양 패권을 둘러싼 경쟁이 본격화되는 시기가 될 것입니다. MASGA는 단순히 배를 만드는 프로젝트가 아니라, 이 거대한 지정학적 변화 속에서 한국이 어떤 위치를 차지할 것인가를 결정하는 전략적 선택입니다.

정주영 회장이 '하면 된다' 정신으로 울산에 조선소를 지었을 때, 많은 사람이 불가능하다고 했습니다. 하지만 50년이 지난 지금, 한국은 세계 조선업의 선두권을 지키고 있습니다. MASGA도 마찬가지입니다. 어렵고 불확실하지만, 도전하지 않으면 기회도 없습니다.

다만 이번에는 좀 더 신중하게, 좀 더 전략적으로 접근해야 합니다. 본진을 탄탄히 하면서, 미국과의 협상에서 실리를 챙기고, 장기적인 관점에서 한국 조선업의 미래를 설계해야 합니다. 그것이 진정한 의미에서 MASGA를 성공시키는 길입니다.

우리는 준비되어 있는가

2025년 12월, 저는 다시 거제도를 찾았습니다. 25년 전 처음 조선소에 발을 들여놓았던 그곳입니다. 당시 20대 초반의 청년 엔지니어였던 저는 이제 지천명을 바라보는 중년이 되었고, 제게 배 만드는 일이 무엇인지 보여주셨던 선배들은 대부분 은퇴하셨습니다.

조선소는 예전보다 더 깨끗해지고, 세련되게 변했습니다. 안전 장비도 좋아지고, 작업 환경도 개선되었습니다. 하지만 무언가 달라진 것을 느낍니다. 예전처럼 땀 흘리며 일하는 한국 젊은이들의 모습은 많이 줄어들었습니다. 대신 세계 각지에서 온 외국인 노동자들이 그 자리를 메우고 있습니다.

MASGA는 한국 조선업에게 기회입니다. 하지만 동시에 우리에게 묻습니다.

"우리는 정말 준비되어 있는가?"

1971년 9월 정주영 회장은 울산 현대조선소 건설을 위해 영국 바클레이스 은행에 차관을 빌리러 갔다가 거절을 당했습니다. 그는 그대로 포기했을까요? 그랬다면 지금의 K-조선은 존재하지 않았을 것입니다. 그는 500원짜리 지폐를 보여주며 "한국은 거북선을 만든 나라다. 이것은 영국보다 300년 앞서 철갑선을 만든 한국의 기술력이다"라고 설득했습니다. 그 자신감과 집념이 K-조선의 토대가 되었습니다.

일본이 장악한 생태계에서 국산 LNG선을 건조하겠다고 나섰을 때, 그것은 무모한 도전이었습니다. 1980년대 조선 불황기에 도크를 놀이공원으로 만들자는 자조적 농담이 나왔을 때, 많은 사람들이 한국 조선업의 미래를 포기했습니다. 1999년 IMF 위기 직후 LNG선 가격을 30% 깎겠다고 선언했을 때, 일본은 우리를 비웃었습니다.

하지만 우리는 해냈습니다. '우짜겠노' 정신으로 해낸 것입니다. 이미 벌어진 일, 피할 수 없는 일 앞에서 방법을 찾아 한 발한 발 전진했습니다. 그렇게 전진한 끝에 우리는 세계 최고 수준의 조선 경쟁력을 확보했습니다. 기술, 품질, 납기에서 동시에 인정받는 몇 안 되는 나라가 되었습니다. 그러나 바로 그 지점에서새로운 질문이 시작됩니다. 지금의 성공이 다음 50년을 보장해주는가 하는 질문입니다.

MASGA를 둘러싼 딜레마는 우리가 직면하고 있는 질문과정면으로 맞닿아 있는 문제입니다. 한국 조선업의 미래를 좌우할 수 있는 중요한 기로에 우리는 서 있습니다. 미국의 요구가 과중할 수 있고, 중국의 보복이 두려울 수 있고, 성공의 보장이 없을지도 모릅니다. 하지만 이미 미중 패권 경쟁은 진행 중이고, 우리는 그 한가운데 있습니다.

이 도전을 어떻게든 기회로 바꿔 성공해야 합니다. 본진을탄탄히 하고, 미래 기술에 투자하고, 다음 세대에게 기술과 정신을 전수해야 합니다. 그것이 50년 전 선배들이 시작한 K-조선의역사를 이어가야 하는 우리들의 의무입니다.

2025년 겨울, 거제도 조선소에서 바라본 바다는 여전히 푸

르렀습니다. 저 바다 너머 미국에서, 중국에서, 세계 곳곳에서 한국이 만든 배들이 항해하고 있습니다. 앞으로 50년 후에도 그럴 수 있을까요?

25년 전, 제가 잘못 그린 설계도면 때문에 퇴근 시간이 다 되어가는데 다시 용접기를 잡아야 했던, 현장 반장님의 털털한 반응이 새삼 기억납니다.

"고마, 우짜겠노. 빨리 해치우자!"

권효재의 K-조선 대전환

조선업의 태동부터 마스가 프로젝트까지

초판 1쇄 찍은날	2026년 1월 12일
초판 1쇄 펴낸날	2026년 1월 21일

지은이	권효재
펴낸이	한성봉
편집	최창문·이종석·오시경·김선형
콘텐츠제작	안상준
디자인	최세정
마케팅	오주형·박민지·이예지·정효인
경영지원	국지연·송인경
펴낸곳	도서출판 동아시아
등록	1998년 3월 5일 제1998-000243호
주소	서울시 중구 필동로8길 73 [예장동 1-42] 동아시아빌딩
페이스북	www.facebook.com/dongasiabooks
전자우편	dongasiabook@naver.com
블로그	blog.naver.com/dongasiabook
인스타그램	www.instagram.com/dongasiabook
전화	02) 757-9724, 5
팩스	02) 757-9726
ISBN	978-89-6262-686-5 03320

만든 사람들

편집	최창문
표지디자인	최세정
본문디자인	김경주
크로스교열	안상준